www.tredition.de

Monika Mahr

Die schöpferische Sehnsucht des Herzens

Das kreative Potenzial befreien

www.tredition.de

© 2018 Monika Mahr

Verlag und Druck: tredition GmbH, Halenreie 40-44, 22359 Hamburg

ISBN
Paperback: 978-3-7469-0717-8

Inhalt

Vorwort   8

I. DIE SEHNSUCHT NACH SCHÖPFERISCHER KREATIVITÄT   11

Die essenzielle seelische Wirkungsabsicht   11

Übung: Die seelische Sehnsucht oder Bestimmung wahrnehmen   12

Wie Kunst entsteht: Überschäumende Freude, hingebungsvoller Gefühlsausdruck oder meditative Versenkung   19

Häufige Blockaden im schöpferischen Prozess 22

Im kreativen Fluss bleiben   27

Meditation: Der innere Zustand für schöpferische Kreativität   30

II. VERSCHÜTTETE POTENZIALE BEFREIEN   34

Die eigene Einzigartigkeit entdecken   34

Übung: Ergründe deine Einzigartigkeit   40

Das unreife Kind und das kreative Kind im Inneren   43

Meditation: Ein Ort der Sicherheit und
Geborgenheit für das innere Kind   48

Das Selbstgefühl erneuern   50

Die Lebenseinstellung erneuern   65

Übung: Transformation durch die Kraft des
inneren Lichts   79

Freude und Leichtigkeit   82

Übung: Freudekiller identifizieren   83

Übung: Anhaftungen loslassen   88

Negative Erlebnisse verstehen und sich nicht
mehr sabotieren lassen   94

**III. KREATIVE ENTFALTUNG ALS
FORTLAUFENDER PROZESS   100**

Die höchsten Möglichkeiten visualisieren   100

Übung: Hemmende Ängste erkennen
und ausräumen   100

Gescheiterte Projekte in einem neuen Licht
gesehen   111

Meditation: Selbstsabotage auflösen   115

Auftrittsangst und Lampenfieber   117

Meditation: Das wahre Selbst stärken   123

Blockierende Verhaltensmuster
bewusstmachen   125

Meditation: Den Energiefluss beobachten   134

 Männliche und weibliche Formen
von Kreativität   137

Das Leben als Reise zu innerer Ganzheit   144

Vorwort

Die Entfaltung der individuellen Kreativität ist ein Weg, auf dem immer wieder neue Herausforderungen auftauchen. Blockaden wollen erkannt und überwunden werden, damit Inspiration und Energie fließen können. Je mehr wir auf diesem Weg eins mit uns selbst werden, umso mehr erschließt sich uns unser kreatives Potenzial. Nicht nur in der Kunst, sondern in sämtlichen Lebensbereichen – denn jeder Mensch ist ein Schöpferwesen mit einzigartigen Anlagen, Talenten und seelischen Wirkungsabsichten.

Die Texte und Übungen in diesem Buch können dabei helfen, die Schätze im eigenen Inneren zu entdecken. Dabei geht es auch darum, all die Prägungen loszulassen, die die Kreativität lähmen und sabotieren. Wir leben in einer kreativitätsfeindlichen Gesellschaft mit Ideologien, die starre Normen und Rollen vorgeben und so die Trennung von der schöpferischen Kraft aufrechterhalten. Wer die einschränkenden Muster und kollektiven Ideologien überwindet, heilt und befreit sich selbst und trägt auch dazu bei, dass die Gesellschaft sich wandelt und heiler und glücklicher wird.

Dieses Buch ist nicht linear, sondern eher wie ein Mandala aufgebaut: Zentrale Themen wiederholen sich immer wieder und werden dabei von verschiedenen Seiten betrachtet. Die Texte habe ich im meditativen Zustand aus der freien Inspiration heraus geschrieben. Ich glaube, dass die Menschenwelt mit der geistigen Welt verbunden ist und dass bei hoher Konzentration und gleichzeitiger Entspannung ein Inspirationsfluss entsteht, der für kreative Vorhaben aller Art genutzt werden kann. Mein eigenes Bedürfnis nach kreativer Weiterentwicklung gab Anlass zu diesem Buch, und ich fand dadurch den Mut, neue Sachen auszuprobieren. Lassen auch Sie sich anregen und ermutigen, Neues zu wagen und Ihr einzigartiges Potenzial immer besser wahrzunehmen und auszuschöpfen.

Monika Mahr, im November 2017

I. DIE SEHNSUCHT NACH SCHÖPFERISCHER KREATIVITÄT

Die essenzielle seelische Wirkungsabsicht

Wissen, was man will

Viele kreative Menschen wissen so ungefähr, wovon sie träumen, welche Gaben sie nutzen und entfalten wollen und in welchen Bereichen sie kreativ wirken möchten. Manche haben auch eine Vielzahl an Begabungen und eine große Bandbreite an kreativen Interessen. Was ihre ganz besondere Einzigartigkeit ausmacht, worin ihr essenzieller Beitrag liegen könnte, können sie schwer feststellen.

Solange man nur ungefähr über die eigene essenzielle Wirkungsabsicht Bescheid weiß, gibt es vieles, was interessant und verlockend erscheint, aber nach einiger Zeit der Beschäftigung damit doch nicht die ersehnte Selbstverwirklichung bringt. Man kommt etwa an einen Punkt, wo es langweilig wird oder zu einseitig oder man spürt, dass man nicht sein ganzes Selbst einbringen kann.

Kreative Selbst-Verwirklichung ist ein lebendiger Prozess, der beständige Weiterentwicklung und Vertiefung beinhaltet. Wer den richtigen Platz oder die passende Kunstform für sich entdeckt hat, kann diese stetig fortschreitende innere Entfaltung genießen. Aber auch dann ist die Suche vielleicht noch nicht zu Ende, denn früher oder später entsteht oft das Verlangen nach einem neuen, noch komplexeren Wirkungsfeld.

Übung: Die seelische Sehnsucht oder Bestimmung wahrnehmen

Jeder Mensch hat eine besondere Sehnsucht beziehungsweise ein Thema oder eine bestimmte Kombination von Themen, die für ihn essenziell sind. Diese offenbaren sich nur im eigenen Inneren, im Herzen. Es kommt darauf an, die eigenen kreativen Gaben und Talente genau dieser Wirkungsabsicht zu widmen. Andernfalls bleibt man irgendwo in der Peripherie, und was man tut, fühlt sich nicht wirklich bedeutsam und erfüllend an. Auf der Suche nach den essenziellen Themen und Lebensaufgaben können folgende Fragen helfen, die im Verlauf des Lebens immer wieder neue Antworten hervorbringen:

Von welchen Themen fühle ich mich tief im Inneren angesprochen?

Welche Art von Kunst berührt mich intensiv?

Wenn ich einen Flow erlebe – ein Hochgefühl, in dem die Zeit stillzustehen scheint – was genau löst solche Zustände bei kreativer Betätigung aus?

Wenn ich etwa gern mit Menschen arbeite: auf welche Art und Weise genau?

Wenn ich gern Schönes oder Neues in die Welt bringe: In welchen Zusammenhängen und mit welcher Wirkungsabsicht genau?

Wenn ich mich mit Körper, Psyche und Heilung befasse: Was genau ist dabei mein größtes Anliegen, das mich beschäftigt und worin ich andere unterstützen will?

Wenn ich mich gern für die Verbesserung der Lebensumstände der Menschen einsetze oder für die Veränderung gesellschaftlicher Verhältnisse: Was ist mein zentrales Thema, wofür brenne ich, was ist mir wichtiger als alles andere? In welchem Bereich will ich mich unbedingt engagieren, und sei es auch nur im Kleinen?

Wenn ich mich mit bildender oder darstellender Kunst beschäftige: Was will ich beim Betrachter oder beim Publikum auslösen? Wozu will ich anregen und inspirieren? Welche Wirkungen geistiger und emotionaler Art wünsche ich hervorzurufen? Welche Art von Kunst erfahre ich selbst als besonders nährend und inspirierend, und wie kann auch meine Kunst anderen solche Erfahrungen schenken?

Aus dem Inneren schöpfen

Kreative Selbstverwirklichung ist also darauf angewiesen, dass man genau weiß, was man will. Am Anfang der Selbsterkundung stehen vielleicht noch so allgemeine Erkenntnisse wie: „Ich will etwas mit Menschen machen / etwas mit Musik machen / etwas mit Ökologie und Natur machen / etwas mit Medien machen / etwas mit alternativer Heilkunst machen … usw. Danach ist es jedoch wichtig, genau zu erforschen, was dabei für die eigene Seele so bedeutsam und reizvoll ist.

Wer diesen Schritt auslässt und sofort nach Verwirklichungsmöglichkeiten sucht, verlagert den Schwerpunkt seiner Suche nach außen und wird wahrscheinlich Enttäuschungen erleben. Ohne sich dessen bewusst zu sein, versucht er seine Träume „kompatibel" zu machen und an die scheinbaren Erfordernisse der Berufswelt, des Wirtschaftslebens oder der herrschenden Tradition anzupassen. Dabei entstehen ungesunde Kompromisse und die essenzielle Wirkungsabsicht wird vielleicht komplett übergangen. Wenn jemand etwa gerne Musik macht und deshalb im Bereich der Klassik sein Auskommen sucht, obwohl sein Herz musikalisch ganz anders „tickt", wird er seine wahre Berufung nicht leben können und nie die Hochgefühle erleben und die energetische Wirkung entfalten können, die seinem Potenzial entsprechen. Oder wenn jemand sich für alternative Heilweisen interessiert und dann bestimmte standardisierte

Methoden erlernt und diese etwa als Heilpraktiker anwendet, obwohl seine Herzensveranlagung zur künstlerisch-kreativen schamanischen Heilarbeit tendiert, wird er unter seinen wahren Möglichkeiten bleiben und deshalb frustriert werden. Diese Beispiele weisen auch auf die Verlockung hin, die von gesellschaftlich vorgegebenen, sozusagen „geebneten" Wegen ausgeht. Viele Menschen haben sich aber gerade deshalb mit ihren besonderen Herzensanliegen und Talenten in dieser Zeit inkarniert, weil die Zeit nach neuen Ideen, neuen Wegen und neuen Lösungen verlangt.

Um etwas Neues in die Welt zu bringen, kommt es darauf an, aus der essenziellen seelischen Sehnsucht zu schöpfen. Viele Hochkreative haben Visionen, die unrealistisch erscheinen. Dennoch zeigen diese Träume ihr tiefstes Herzensanliegen auf und ihr oft noch verborgenes Potenzial, das entfaltet werden will. Wenn du spürst, dass eine kreative Vision dein wahres Seelenpotenzial erkennbar macht, aber momentan nicht umsetzbar ist, gibt es Möglichkeiten, dich schrittweise daran anzunähern. Seelenpotenziale können oft nur schrittweise im Lauf des Lebens entfaltet werden, da die Persönlichkeit durch viele Erfahrungen reifen muss, ehe sie auf diese Qualitäten voll zugreifen kann. Woran erkennt man aber, welcher Schritt jetzt in die richtige Richtung führt, wenn es noch gar keine Möglichkeit gibt, einen Seelentraum umzusetzen?

Der Schlüssel ist die Orientierung am inneren Glücksgefühl und an der unmittelbaren Freude. Diejenigen Schritte, die solche Gefühle ermöglichen, haben Vorrang gegenüber anderen Dingen, die der Verstand für sinnvoll hält. Der Verstand allein kann nämlich nicht wissen, auf welchen Wegen sich Seelenträume letztendlich manifestieren werden. Diese Wege können ganz unkonventionell und überraschend sein!

Innere Qualitäten entwickeln

Es geht also nicht darum, dir in der Welt der äußeren Möglichkeiten einen Weg zu bereiten und dich so mit Fleiß und Kalkül auf dein Ziel zuzubewegen, sondern es geht um die Entwicklung bestimmter innerer Qualitäten, die für die Umsetzung deiner größeren Träume essenziell sind. Es handelt sich um innere Schritte in einem subjektiven Erfahrungsraum. Immer wenn du Qualitäten weiterentwickelst, die für dich in diesem Leben essenziell sind, erlebst du Gefühle von Stimmigkeit, Glück und Sinn, die aus der Tiefe gespeist werden. Diese Gefühle entstehen ganz von selbst – unabhängig davon, ob dein Verstand oder andere Menschen dein Tun positiv bewerten. Wenn du also eine innere Sinnhaftigkeit und ein Flow-Gefühl empfindest, folge diesem Weg, auch wenn er zunächst nicht erfolgversprechend erscheinen mag. Vielleicht lernst du dabei etwas Wichtiges und so wird deine größere Vision um ein Puzzleteilchen vollständiger.

Nur selten sind die fehlenden Puzzleteilchen Kompetenzen im Bereich des Könnens und Wissens, die primär durch Fleiß und Disziplin zu erwerben sind. Viele gute Musiker glauben beispielsweise, ihre technischen Fähigkeiten immer noch mehr perfektionieren zu müssen, um den ersehnten Erfolg zu erlangen. Tatsächlich aber fehlt es ihnen nicht an Können, sondern an Gespür für die inneren Qualitäten, die sie mit ihrer Musik anderen Menschen erfahrbar machen wollen. Statt fleißig zu üben, sollten sie lieber „auf Visionssuche gehen" und herausfinden, wie sie ihre Leidenschaft und Liebe energetisch in Musik umwandeln können. Das würde sie vielleicht dazu bewegen, sich mit Bereichen zu beschäftigen, denen sie bisher keine Beachtung geschenkt hatten. Daraus könnten wiederum neue Möglichkeiten erwachsen. Beispielsweise könnte jemand anfangen, sich mit Kabarett zu beschäftigen und schließlich kabarettistische Songs schreiben, um die Menschen zu neuen Sichtweisen anzuregen. Oder jemand würde beginnen, Musik und Klang als Heilkunst zu betrachten und musikalische Heilrituale zu veranstalten. Wieder ein anderer würde sich für Körper und Bewegung interessieren und würde die Teilnehmer seiner musikalischen Events zu körperlichen Bewegungen motivieren, die den Geist und die Gefühle von Erstarrungen befreien könnten. So gibt es eine Vielzahl an kreativen Möglichkeiten, sich als Musiker zu verwirklichen, die oft jenseits der gewohnten Konzerttätigkeit liegen.

Die Bereitschaft, zu experimentieren und mit kindlicher Freude Neues auszuprobieren hilft dabei, geeignete individuelle Formen für das zu finden, was die Seele verwirklichen will: Wenn du nicht genau weißt, was das ist, findest du es durch die Orientierung an deiner Freude und durch Experimentieren heraus. Je stärker diese innere Freude erfahrbar wird, umso unwichtiger erscheinen dir äußere Erfolgskriterien, denen im allgemeinen Denken viel Bedeutung zugeschrieben wird. Du strebst dann beispielsweise nicht mehr danach, möglichst viel Geld zu verdienen oder möglichst viele Menschen zu erreichen oder eine Universitätskarriere oder irgendeine elitäre Spitzenposition zu erlangen – weil das für dich keine Bedeutung mehr hat.

Wenn du weißt, was du wirklich willst, fühlst du dich innerlich sicher und geführt auf deinem Weg, auch wenn es ein sehr ungewöhnlicher und von konventionellen Glücksvorstellungen abweichender Weg ist. Wer etwas Neues in die Welt bringt, bezieht die Inspiration und die Kraft dazu ganz von innen. Es kann lange dauern, bis er Anerkennung und Erfolg im Außen erntet, doch das Gefühl von Freude und erfolgreicher seelischer Verwirklichung existiert davon unabhängig im eigenen Inneren. Es entsteht in jedem kreativen Augenblick, in dem ein essenzielles Herzensanliegen verwirklicht wird.

Wie Kunst entsteht: Überschäumende Freude, hingebungsvoller Gefühlsausdruck oder meditative Versenkung

Kunst entsteht nicht aus dem gewöhnlichen Alltagsbewusstsein heraus, sondern in einem angehobenen, inspirierten Bewusstseinszustand. Das kann ein Zustand von überschäumender Freude sein, oder ein Zustand meditativer Versenkung. Es kann auch ein Zustand intensiver Hingabe an die eigenen Gefühle sein, ein intimes Verschmelzen mit der Innenwelt, das eine kathartische und befreiende Wirkung entfaltet. Diese angehobenen Bewusstseinszustände übertragen sich vom Künstler oder der Künstlerin auf diejenigen, die konzentriert zuschauen und zuhören, oder die sich zu einem späteren Zeitpunkt in das Werk versenken, etwa wenn sie ein Bild oder ein Video betrachten oder eine CD anhören. Deshalb wirkt Kunst inspirierend auf die Menschen. Sie wirkt immer auf mehreren Ebenen gleichzeitig – nicht nur auf der sinnlich wahrnehmbaren Ebene, die ästhetisch und emotional ansprechend wirkt, sondern auch auf einer unmittelbar energetischen Ebene.

Durch Kunst wird eine sinnlich wahrnehmbare Form mit bestimmten Energien aufgeladen. Wenn ein Maler im Zustand überschäumender Freude ein wunderschönes Bild malt, wird das Bild mit dieser

Energie aufgeladen und die Betrachter, die sich später auf das Bild einlassen, werden ebenfalls von dieser Freude ergriffen. Sogar ein bloßer Abdruck des Bildes in einem Katalog kann noch etwas von dieser Freude vermitteln. Besonders intensive Übertragungen von Freude entstehen bei Live-Events, etwa bei Konzerten. Alle Teilnehmer, die sich von der Stimmung anstecken lassen, stecken sich zusätzlich gegenseitig an und strahlen ihre Freude auf die Musiker zurück. Durch diese Rückkopplungseffekte entstehen schnell intensive Energien. Auch Heilrituale und Gruppen-meditationen machen sich diesen Effekt zunutze, der einen hochaufgeladenen energetischen Raum erzeugt. Voraussetzung dafür ist die innere Beteiligung, der „energetische Input" mehrerer Teilnehmer. Diese lassen sich emotional auf das Erlebnis ein, bleiben also nicht bloß passive Zuschauer. Was es heißt, voll präsent zu sein, kann man bei solchen inspirierenden Gemeinschafts-events gut erkennen. Hier werden energetische Zustände erfahrbar, die das Bewusstsein auf eine höhere Ebene heben – Zustände, in denen Kunst entstehen kann.

Kunst hat also etwas mit geistig-emotionaler Erweiterung zu tun – deshalb galt die Kunst auch vielen Kulturen als heilig: Sie wurde nur im Rahmen von Ritualen oder mit besonderer innerer Einstimmung praktiziert. Sie war eine Brücke zur unsichtbaren Welt der Energien, zur psychischen Innenwelt und zur geistigen Welt. Später entstand in der westlichen Welt ein Kunstverständnis, das andere, eigentlich eher nebensächliche Aspekte der Kunst in den Vordergrund rückte: Zum einen die Unterhaltung und das Spektakel, zum anderen die virtuosen technischen Fähigkeiten begabter Künstler. Diese Aspekte sind deshalb nebensächlich, weil sie den Menschen nicht innerlich nähren und tief beglücken. Sie können zwar sein Empfinden für Ästhetik stimulieren und ihn in Erstaunen versetzen, aber sie wirken auf die Psyche nicht erweiternd, nicht heilsam, transformierend, integrierend und erneuernd. Sie stärken nicht unmittelbar das Gefühl der Verbundenheit miteinander und mit dem Kosmos. Sie lenken oft sogar davon ab – besonders dann, wenn Äußerlichkeiten und Perfektions-ansprüche so wichtig werden, dass sich Künstler ängstlich miteinander vergleichen und gegeneinander konkurrieren. Dann entsteht die einschränkende Vorstellung, Kunst sei etwas Elitäres und Schwieriges, das zu praktizieren bzw. zu verstehen nur wenigen Menschen vorbehalten sei. Wer nicht extrem begabt oder intellektuell sei, solle sich gar nicht erst als Künstler versuchen.

Heilsam ist dagegen die Ansicht, dass jeder Mensch ein Künstler ist. Auch wenn es wirklich gute, anspruchsvolle, berührende, mitreißende, begnadete Künstler eher selten gibt. Das liegt jedoch nur daran, dass nur wenige Menschen bereit sind, eine solche innere Intensität der Erfahrung zuzulassen, eine solche Verschmelzung mit ihrer Gefühlswelt und eine solche Ausdehnung des

Bewusstseins, dass sie zu begnadeten Künstlern werden. Dies ist jedoch an sich keine Frage des Könnens und der Begabung, sondern eine Frage der inneren Einstellung, der Präsenz im Augenblick und der Hingabe.

Häufige Blockaden im schöpferischen Prozess

Der inspirierte kreative Flow entsteht eigentlich ganz von selbst, wenn man es sich erlaubt, in die Kunst einzutauchen. Wenn man also ganz gegenwärtig wird und sich dem Fluss der Ideen überlässt. Oft ist diese Fähigkeit jedoch blockiert und wird von Anfang an verhindert oder eingeschränkt. Die Ursachen sind zunächst unbewusst, können aber im kreativen Prozess bewusstgemacht und aufgelöst werden.

Häufig entstehen Blockaden durch das Festhalten am Gewohnten, durch die Angst vor den eigenen Ideen oder durch das Aufsteigen von unverarbeiteten Gefühlen. Wie kann man mit diesen Situationen umgehen? Sie werden im Folgenden genauer betrachtet:

Das **Festhalten am Gewohnten** ist der Kunst abträglich, weil die kreative Erweiterung und das Entdecken von neuem wichtige Komponenten künstlerischer Kreativität sind. Wann man sich selbst bei der Arbeit blockiert, lässt sich jedoch nicht an objektiven Kriterien festmachen. Es geht um subjektive, emotional erfahrbare Qualitäten, deren mangelnder Einsatz sich etwa in Form von Langeweile, Unlust-Gefühlen oder Anstrengung bemerkbar macht. Wenn jemand beispielsweise ein Lied auf eine „Gesangsübung" reduziert und es immer wieder auf die gleiche Weise singt, kann sich das wegen der mangelnden emotionalen Beteiligung für ihn langweilig anfühlen. Oder wenn jemand genau den Stil eines erfolgreichen, bekannten Künstlers imitiert – in der Hoffnung, so schneller zum Erfolg zu gelangen – kann dies zu einer Gewohnheit werden, die die eigene Kreativität lahmlegt. Auch das Übernehmen von gängigen Konventionen und Traditionen kann den Selbstausdruck einschränken und die eigene Originalität ersticken.

Deshalb ist es wichtig, genau zu unterscheiden, ob die Anlehnung an den Stil anderer Künstler oder an traditionelle Formen sich auf die eigene Kreativität anregend oder begrenzend auswirkt. Hinterfrage ehrlich, warum du einen bestimmten Stil oder eine bestimmte Form bevorzugst, und wie es sich für dich anfühlt, daran festzuhalten. Glaubst du, dass deine Kunst so am ehesten akzeptiert wird beziehungsweise am meisten Erfolg haben wird? Willst du vielleicht „mainstreamtauglich" werden? Hast du vielleicht das Bedürfnis, dich hinter dieser Form zu „verstecken" und Risiken zu vermeiden? Stell dir einmal vor, deine Kunst ausschließlich allein für dich selbst zu praktizieren. Würdest du dann etwas anderes machen? Was würde dir dann Freude machen?

Mach immer genau das, was dir am meisten Freude bereitet – egal ob du für andere oder nur für dich selbst künstlerisch tätig bist. Es darf keine Kompromisse zu Lasten der Freude geben! Werde kreativer und finde neue Formen und Möglichkeiten, falls du bisher noch keinen Erfolg mit den Ideen hattest, die dich wirklich begeistern. Begegne Herausforderungen nie mit Einschränkung, sondern immer mit Erweiterung deiner Kreativität. Indem du dir jetzt vorstellst, wie du dich für die unbegrenzte Erweiterung deiner Kreativität öffnest, kommst du in den Flow. Konzentriere dich auf diese Einstellung, und beobachte, was dann passiert, wenn du dich deiner Kunst widmest.

Wenn du nicht mehr am Gewohnten festhältst, sprudeln vielleicht bald die Ideen. Es kann aber auch sein, dass dann die **Angst vor den eigenen Ideen** auftaucht. Diese Angst hat mit unverarbeiteten früheren Erlebnissen zu tun und oft mit der Angst vor Ablehnung. Vergegenwärtige dir, welche Reaktionen anderer Menschen auf deine Kunst auftreten könnten, vor denen du Angst hast. Mach dir als nächstes bewusst, dass etwaige negative Reaktionen letztlich nichts mit dir zu tun haben. Solche Reaktionen sind einfach Ausdruck der emotionalen Blockaden und Probleme deiner Mitmenschen. Für deren Probleme kannst du nichts und du musst sie auch nicht lösen. Du willst mit deiner Kunst nur diejenigen Menschen ansprechen und erreichen, die gerade für diese Art von Anregung offen sind.

Niemand kann dich aufhalten – außer dir selbst. Beschließe, dass du für deine Ideen einstehen und dich selbst unterstützen wirst, egal ob von bestimmten Leuten negative Reaktionen kommen. Entscheide dich, deine Aufmerksamkeit auf die ehrliche positive Resonanz zu lenken, die du hervorrufen wirst. Du musst denjenigen, die deine Ideen nicht mögen, keine Beachtung schenken. Dann können sie dich auch nicht lähmen oder sabotieren. Betrachte es einfach als deine Aufgabe, Neues in die Welt zu bringen und die damit verbundenen Herausforderungen mutig anzunehmen. Du kannst an diesen Herausforderungen wachsen und sogar Spaß daran haben. So veränderst du deine Einstellung zu deinen Ideen, und diese können wieder frei fließen.

Es kann aber auch sein, dass deine Ideen und dein künstlerischer Ausdruck deshalb blockiert werden, weil du die **Begegnung mit bestimmten verdrängten Gefühlen** und inneren Anteilen fürchtest oder vermeiden willst. Das hat mit deinem Selbstbild und den meist aus der Kindheit stammenden Vorstellungen davon zu tun, wie du sein möchtest. Welche Gefühle durftest du als Kind nicht zeigen? Wann hast du unter dem Gefühl brennender Scham gelitten, weil andere dir weismachten, du müsstest dich für deinen authentischen Selbstausdruck schämen? Für die Entwicklung des kindlichen Selbstbewusstseins ist es sehr wichtig, dass die eigenen Gefühle vom Umfeld verstanden und respektiert werden. Vielen Eltern oder Erziehern ist das nicht bewusst und sie versuchen, die Kinder dazu zu erziehen, nur die erwünschten beziehungsweise „akzeptablen" Gefühle zu zeigen. Besonders sensible Kinder entwickeln so die Befürchtung, mit ihrem Gefühlsleben und mit ihnen selbst sei etwas grundlegend verkehrt. Bestimmte Gefühle verbergen sie dann bald nicht nur vor anderen, sondern auch vor sich selbst.

Bei der Beschäftigung mit Kunst kann es passieren, dass gerade diese Gefühle zum Vorschein kommen. Das ist eine Heilungschance. Begrüße alle Gefühle, die vielleicht überraschend aufsteigen. Gib ihnen deine volle Akzeptanz und beobachte sie, ohne dich mit ihnen zu identifizieren. Wenn du das Bedürfnis spürst, alten Schmerz in künstlerischer Weise zum Ausdruck zu bringen, verdränge es nicht. Wenn du „negative" Gefühle im vollen Umfang anerkennst und ihnen eine Ausdrucksmöglichkeit gibst, werden sie sich dadurch transformieren. Wirklich authentischer Gefühlsausdruck hat immer etwas Schönes und kann auch anderen Menschen mit ähnlichen verdrängten Gefühlen Erleichterung bringen. Hast du deine Trauer oder deine Wut schließlich abgebaut, werden wahrscheinlich neue Formen,

Bilder oder Musik entstehen, die von intensiver Harmonie, Freude oder Stille geprägt sind.

Viele Künstler kommen nie an diesen Punkt. Ihre Kunst bleibt entweder „verkopft", oder sie bringen verzerrte Gefühle zum Ausdruck, die keine heilsame Wirkung entfalten, weil sie die Seele nicht berühren. Es handelt sich dabei um oberflächliche Emotionalität, vielleicht ein „Zur-Schau-Stellen" oder ein Abreagieren negativer Energie, aber das Herz ist nicht wirklich beteiligt. Auf diese Art bleibt man in einer negativen Grundstimmung stecken und verstärkt sie regelrecht.

Um mit deinen Gefühlen in den Flow zu kommen, spüre dein Herz und deinen ganzen Körper und lass aus dem Herzen heraus Kunst entstehen. Dann wird alles, was du zum Ausdruck bringst, von liebevollen und heilsamen Schwingungen geprägt sein.

Im kreativen Fluss bleiben

Der kreative Prozess ist ein Fluss, der immer neue Überraschungen bereithält. Er plätschert nicht gleichförmig und vorhersehbar vor sich hin, sondern ist reich an Stromschnellen, Kurven und Wasserfällen, die sich mit ruhigen, kontemplativen, fast stehenden Abschnitten abwechseln. Diese Lebendigkeit macht den Aufenthalt im Fluss so erfrischend und beglückend. Sie erfordert aber auch die Fähigkeit, sich ganz dem Augenblick hinzugeben, anstatt die zukünftige Reise vorhersehen und planen zu wollen.

Ein Handwerker kann sich an feste Abläufe und Pläne halten, wenn er wunschgemäße Ergebnisse erzielen will, die möglichst innerhalb einer vorhersehbaren Zeit fertig werden sollen. Will man jedoch über das Stadium des Arbeiters oder des Handwerkers hinausgelangen, muss man das Bedürfnis nach sicheren, vorhersehbaren, planbaren Abläufen und Ergebnissen loslassen. Dennoch braucht man natürlich bestimmte Zielvorstellungen, Ideen und Visionen. Manchmal werden diese im Vorfeld stärker ausdifferenziert, etwa bei einem Spielfilm, der von vielen Künstlern gemeinsam realisiert wird. Manchmal werden sie auch auf ein Minimum reduziert, etwa bei experimentellen künstlerischen Aktionen.

Je größer und anspruchsvoller ein kreatives Projekt ist, umso schwieriger kann es werden, den kreativen Fluss aufrechtzuerhalten und immer mit den Erfordernissen des Augenblicks in Kontakt zu bleiben. Denn die kreative Arbeit als solche endet ja nicht mit der Planungsphase, sondern setzt sich kontinuierlich fort. Es fließen immer wieder neue Ideen ein und es stellt sich immer wieder heraus, dass sich nicht alles so umsetzen lässt, wie man es sich vorgestellt hat. Ein Bild kann im Vorfeld skizziert werden – was am Ende herauskommt, ist jedoch nicht genau planbar. Versucht man dies dennoch, wird das Ergebnis vermutlich enttäuschend. Es fehlt dann die lebendige Frische und das Atmosphärische, was eigentlich zum Ausdruck gebracht werden wollte. Erst recht kann ein kreatives Unternehmen oder ein Gemeinschaftsprojekt nicht nach starren Plänen umgesetzt werden und dann funktionieren. Denn ein solches Projekt *ist* jederzeit ein kreativer Prozess, eng verwoben mit den inneren Entwicklungsprozessen der Beteiligten.

Je länger ein Projekt dauert, umso größere Veränderungen erleben die Beteiligten oft in seinem Verlauf, was zu neuen Ideen und Bedürfnissen führt, denen sie gerecht werden müssen. Wenn alle gemeinsam im kreativen Fluss bleiben entstehen Synergien, die zu besseren Lösungen und Ergebnissen führen als ein Einzelner sich ausdenken könnte. Das erfordert aber die Bereitschaft, sich immer wieder verunsichernden Situationen und Veränderungen zu stellen und dabei sein ganzes kreatives Potenzial einzubringen. Auch wer allein an einem Langzeitprojekt arbeitet, wird immer wieder diese Bereitschaft brauchen, damit sein Werk lebendig bleibt und seine innere Entwicklung spiegelt. Kreative Projekte sind wie Kinder, die die volle Hingabe und Aufmerksamkeit verlangen: Wenn man ihnen gerecht wird, machen sie einen glücklich – wenn man sie mit oberflächlicher Zuwendung abspeisen will oder sie beherrschen will, werden sie anstrengend.

Um im Fluss zu bleiben benötigt man das Vertrauen, dass der kreative Prozess aus sich heraus in jedem Augenblick neue Inspirationen und Lösungen hervorbringen wird, die alles übertreffen, was der rationale Verstand vorhersehen oder planen könnte. Die Kunst ist ein Übungsfeld, um die eigene schöpferische Natur immer besser kennenzulernen. Das wahre Selbst ist ein Schöpferwesen, das sich im Tanz mit seinen Schöpfungen ständig ausdehnt. Ideen werden geboren und umgesetzt und dabei schon wieder neu gestaltet oder neu geboren. Es wird nie langweilig, denn jederzeit gilt: Alles ist möglich.

Meditation: Der innere Zustand für schöpferische Kreativität

Ehe du dich einer künstlerischen oder anderen schöpferischen Aufgabe widmest, stimme dich innerlich auf den dafür geeigneten Zustand ein. Es ist ein Zustand der Freude, der Leichtigkeit und des Erfüllt-Seins mit deiner eigenen Seelenenergie. Liebe fließt – in Beziehungen ebenso wie in kreativen Projekten – aus diesem Zustand der inneren Fülle heraus. Nicht der andere Mensch oder das Projekt ist die Quelle der Freude, sondern die Quelle bist du selbst. Stimme dich also bewusst auf diese innere Quelle ein, um aus ihr zu schöpfen.

Wenn du noch nicht im geeigneten Zustand bist, kann dir folgende Meditation helfen:

Beobachte deinen Atem und spüre dabei, wie sich Leichtigkeit und Wohlbefinden in deinem Körper ausbreiten.

Du bist verbunden mit der stabilisierenden Kraft der Erde und den inspirierenden Energien des Himmels. In diesen Energien dehnst du dich jetzt aus und spürst dein seelisches Sein.

In der Kraft des reinen Seins bist du voll präsent und du bist gesättigt mit all den Energien, die du brauchst, um schöpferisch tätig zu sein. Du kannst diese Energien jetzt einfach durch dich fließen lassen – ohne jede Anstrengung.

Im Fluss deiner lebendigen Seelenenergie, verbunden mit Himmel und Erde, nimmst du deine Einzigartigkeit wahr und die überschäumende Freude an deiner schöpferischen Kreativität. Diese Freude kann dir niemand nehmen, denn sie entspringt deiner inneren Quelle. Du kannst sie überallhin verströmen.

So zieht deine Freude Menschen an, die ebenfalls mit der Quelle der Freude in ihrem Inneren verbunden sind. Mit ihnen kannst du die Freude austauschen und dadurch noch mehr verstärken. Dabei bleibst du immer in deiner Kraft und in deiner Freiheit. Denn alles, was andere dir geben, trägst du ohnehin bereits in dir. So bleiben all deine Aktivitäten unbeschwert und frei – und wenn sich etwas anstrengend anfühlt, lässt du es gleich wieder los.

Spüre in deinem Inneren, in welchen Situationen und mit welchen Menschen die kreative Kraft voller Freude fließen kann. Dort ist dein Platz, um zu wirken, und nirgendwo sonst. Alles, was du brauchst, kommt ganz aus deinem Inneren – aus der konzentrierten Präsenz im Augenblick, aus dem inspirierten Einssein mit deiner Seele und deinem ganzen Sein.

II. VERSCHÜTTETE POTENZIALE BEFREIEN

Die eigene Einzigartigkeit entdecken

Was die individuelle Selbstfindung erschwert

Jeder Mensch ist ein einzigartiges Wesen, das über wertvolle besondere Eigenschaften, Talente und Interessen verfügt. Jeder hat sich inkarniert mit der Absicht, diese zu entdecken und zu entfalten. Theoretisch hat jeder die Möglichkeit, seinen Anlagen gemäß ein glückliches Leben zu führen und die Welt mit seinen Fähigkeiten und Talenten zu bereichern. Praktisch sieht es derzeit auf Erden nicht so aus, denn die meisten Menschen leben mehr aus der Angst heraus als aus der Liebe. Um die eigenen schöpferischen Fähigkeiten und Talente zu entdecken und zu verwirklichen, braucht man viel Liebe zu sich selbst, Geduld und Durchhaltevermögen. Denn oft müssen diese Talente erst heranreifen, und im Laufe dieses Entwicklungsweges werden ihre Schätze sichtbar.

Die gesellschaftlichen Werte fördern aber nicht die individuelle Selbstfindung, sondern ein gleichgeschaltetes Leben, das von äußerlich definierten Erfolgs- und Leistungszielen sowie Konsumzwängen bestimmt ist. Das kapitalistische Wirtschafts- und Ideologiesystem basiert auf dem Streben nach äußerlich definierten Erfolgen und nach Konsum und heizt dieses Streben auch ständig weiter an. Es produziert viele Ängste, die die Gleichschaltung und die Entfremdung von den ursprünglichen seelischen Zielen aufrechterhalten. Wer nicht genug leisten und konsumieren kann, wer nicht „mithalten" und gewisse Standards erfüllen kann, gilt im kollektiven Denken als minderwertig und abgehängt. Nicht die Einzigartigkeit und nicht die kreativen Gaben eines Menschen sind wertvoll in den Augen der Gesellschaft, sondern seine Fähigkeit, sich an das System anzupassen, um permanent Leistungen zu erbringen und zu funktionieren. In diesem System sind weder Krisen noch Auszeiten tolerierbar, noch kreative Visionen und konventionensprengende Genialität. Deshalb sitzt die Angst vor Krisen, vor psychischen Erweiterungsprozessen und vor der eigenen Kreativität den meisten Menschen im Nacken und hält sie im Hamsterrad angepassten Funktionierens fest.

Spätestens wenn der „Ernst des Lebens" beginnt, begraben die jungen Menschen ihre kreativen Träume. Bereits den Kindern wird die Kreativität ausgetrieben, denn in der Schule werden sie auf das Erbringen von Leistungen in einem gleichgeschalteten konkurrenzorientierten Kontext getrimmt. Hier zählen die einzigartigen Talente und kreativen Interessen von Kindern nichts und erfahren meist keinerlei Würdigung. Es geht nur darum, standardisierte Erfolgsziele zu erreichen und dabei im Vergleich mit den Leistungen anderer möglichst gut abzuschneiden. Diese Art des Lernens macht keinen Spaß und ist frustrierend – vor allem für diejenigen Kinder, die über ausgeprägte Intuition, Inspiration und Kreativität verfügen. Sie fühlen sich ausgebremst und in ihrem Sein ignoriert. Deshalb sind bei hochkreativen Kindern Verhaltensstörungen in der Schule recht häufig. Trotz der Probleme ist die materialistisch orientierte Gesellschaft kaum imstande, neue Schulkonzepte zu entwickeln. Dies würde ja auch darauf hinauslaufen, andere Werte zu vermitteln als bisher. Es würde bedeuten, den Einzelnen für sein seelisches Sein anzuerkennen und seine ganzheitliche Entwicklung als menschliches Wesen zu fördern – statt seine Fähigkeit, verkopftes Wissen anzuhäufen und zu reproduzieren, als höchstes Bildungsziel anzusehen.

Es ist daher kein Wunder, dass die meisten Jugendlichen nicht das Gefühl haben, ihre Einzigartigkeit sei wertvoll. Je weniger die eigene Einzigartigkeit gefühlt wird, umso mehr erscheint es überlebenswichtig, mit den anderen mitzuhalten und die Normen und Standards einer Gruppe zu erfüllen, der man sich zugehörig fühlt. Das mangelnde Gefühl für die eigene Identität soll durch die Zugehörigkeit zu einer Gruppe oder einer sozialen Schicht kompensiert werden.

Menschen haben individuelle Lebensaufgaben

Ein echtes Identitätsgefühl jedoch entsteht nur dann, wenn ein Mensch seine schöpferische Kreativität lebt und so seine Einzigartigkeit im Austausch mit der Welt bewusst erfahren kann. Jeder Mensch ist Teil einer Seelenfamilie, die wiederum im Verbund mit verwandten Seelenfamilien ganz bestimmte Aufgaben und Forschungsinteressen auf der Erde hat. So wie es früher beispielsweise Handwerkerfamilien, Händlerfamilien, heilkundige Familien usw. mit verschiedenen Unterspezialisierungen gab, gibt es auch in seelischer Hinsicht Spezialisierungen, durch die jedes Individuum mit seinen besonderen Fähigkeiten und Interessen an einer sinnvollen Aufgabe mitwirkt und an den gemeinsamen Zielen seiner Seelenfamilie beteiligt ist.

Diese Aufgabe ist allerdings nicht direkt mit einem Beruf verbunden, sondern kann auf vielerlei Art und Weise gelebt werden. Sie kann auch „erlitten" werden, wenn ein Mensch nicht imstande ist, sich mit Liebe aus eigenem Antrieb seinen Interessen zu widmen. Dann beschäftigt sich dieser Mensch eher auf passive und leidvolle Weise mit den Themen, die seine individuelle Besonderheit ausmachen. Er wird beispielsweise durch widrige Umstände zur Auseinandersetzung mit bestimmten Themen menschlicher Existenz genötigt. Wenn ein Mensch jedoch lernt, seine Einzigartigkeit wertzuschätzen, wird er aus einem inneren Antrieb heraus kreativ werden und beginnen, sich aktiv mit Dingen und Themen zu beschäftigen, die ihn interessieren. Er wird das Bedürfnis verspüren, sich in einem bestimmten Bereich besonders zu engagieren. Das kann jeder Bereich des gesellschaftlichen und kulturellen Lebens sein, vielleicht geht es auch um schöpferisches Wirken im Bereich Partnerschaft und Familie oder um Erfahrungen im Umgang mit der Natur.

Der schöpferische Weg des Herzens bringt innere Erfüllung

Es ist nicht einfach, diesem Ruf des Herzens zu folgen, wenn man von den kollektiven Werten und Idealen geprägt ist und wenn die Richtung, die man einschlagen will, keine soziale Bestätigung einbringt. Nur wer die dadurch entstehende Angstspannung bewusst bewältigt, gelangt in den Bereich glücklicher individueller Selbstverwirklichung. Damit wird der Wert der eigenen Einzigartigkeit *direkt* erfahrbar: Es entsteht ein Gefühl von tiefer Erfüllung, Freude und Bereicherung, ein Empfinden der unmittelbaren Bedeutsamkeit dessen, was man tut. Man taucht in einen Energiefluss ein, der einen innerlich anhebt und spürt zugleich, dass dieser Energiefluss auch der Welt als Ganzes zugutekommt. Die äußere Bestätigung, die man von den Mitmenschen bekommt, verliert deshalb an Wichtigkeit. Anstatt sich selbst von außen wahrzunehmen und zu definieren, erfährt man ganz unmittelbar das wahre Selbst, das im eigenen Inneren wirkt. Das wahre Selbst ist ein Zusammenspiel universaler Energien, und daher ist es eins mit allen Menschen und mit dem ganzen Universum – doch zugleich ist es einzigartig, wie ein unverzichtbares Puzzleteil. Jeder hat einen Platz, den kein anderer ausfüllen könnte.

Wenn Menschen ein Bewusstsein ihrer Einzigartigkeit entwickeln, verschwinden destruktive Verhaltensweisen, die von Neid und Konkurrenz geprägt sind. Es entsteht die Fähigkeit, liebevolle und aufbauende Herzensverbindungen miteinander zu genießen. So fördern sich Menschen gegenseitig, indem sie ihre jeweiligen besonderen Gaben und Talente entfalten. Auch die übertriebene Beschäftigung mit materiellen Interessen, mit Statussymbolen, Konsumgütern und Besitztümern verschwindet, und dafür wächst das Interesse an Gefühlen, an lebendiger Gemeinschaft, an Kunst und Kultur, an Gesundheit und Heilung, an Naturerlebnissen und an Glückszuständen.

Was wirklich lebenswert ist, wird von Menschen, die sich noch im Hamsterrad des Leistungs- und Konsumdenkens drehen, nicht erkannt. Viele benötigen ein einschneidendes Erlebnis wie etwa einen Burnout, um ihr wahres Selbst kennenzulernen. Dann beginnen sie, ihre Einzigartigkeit wahrzunehmen und wertzuschätzen. Für manche ist das ein großes Geschenk, denn nun entdecken sie ihre Kreativität und ihre wahren

Talente und finden heraus, wo ihre Bestimmung liegt. Es ist ihnen nicht mehr wichtig, ob sie viel Geld damit verdienen oder ob sie allgemeine soziale Anerkennung ernten. Diese neu gewonnene innere Freiheit macht es möglich, die Kreativität wirklich fließen zu lassen und zu sehen, wo es einen hinführt. Es führt in ein Glück, das ganz von innen kommt, in eine tief empfundene Sinnhaftigkeit und eine neue Definition von Erfolg.

Übung: Ergründe deine Einzigartigkeit

Man muss nicht erst auf eine Krise warten, um seine schöpferische Kreativität zu entdecken. Du kannst dich entschließen, diese zu ergründen. Dabei können folgende Fragen dich unterstützen:

Fragen zur Erkundung schöpferischer Gaben:

Durfte ich als Kind kreativ sein und spielen, was ich wollte? Oder habe ich mich beim Spielen oft den Wünschen anderer angepasst, etwa denen der Freunde, älteren Geschwister und Erwachsenen?

Welche Spiele habe ich – in welchem Alter jeweils – geliebt? Womit habe ich mich mit Hingabe beschäftigt und welche kreativen Phantasien haben mich innerlich bewegt?

Hatte ich kreative Visionen davon, was ich als Erwachsener gerne tun würde? Welche Aufgaben und Themen haben mich besonders interessiert und begeistert?

Bin ich in Kindheit und Jugend durch bestimmte Talente aufgefallen – etwa handwerkliche, künstlerische, soziale, geistige, unternehmerische?

Fragen zu prägenden Erfahrungen und möglichen Ursachen für Blockaden:

Wie haben andere – insbesondere wichtige Bezugspersonen, Eltern und Lehrer – auf meine kreativen Spiele reagiert? Konnte ich mit ihnen meine Begeisterung für bestimmte Spiele und Themen teilen, und konnte ich ihnen meine kreativen Phantasien erzählen? Was konnte ich mit anderen teilen und was eventuell mit niemandem?

Habe ich mich unverstanden gefühlt, und in welchen Umfeldern war dies oft der Fall? Habe ich Kritik geerntet – für meine kreativen Spiele, meine Kunst oder meine Interessen – und hat mich das getroffen oder verletzt? Habe ich Geringschätzung, Gleichgültigkeit oder Ablehnung gefühlt in Bezug auf meine Talente und kreativen Interessen?

Wie habe *ich* wiederum auf die Reaktionen anderer auf mich reagiert? Habe ich emotional gelitten, mich innerlich zurückgezogen, oder versucht, anders zu werden? Habe ich bestimmte Talente oder Interessen versteckt oder aufgegeben? Bin ich lieblos im Umgang mit mir selbst geworden, habe ich mir angewöhnt, mich selbst zu ignorieren, abzuwerten oder herunterzuziehen?

Wie wirken sich diese lieblosen inneren Stimmen heute noch auf mich aus? Was kann ich ihnen heute entgegensetzen, um mich selbst anzuerkennen, zu schätzen und zu fördern? Wer unterstützt mich heute, meine Kreativität und mein wahres Selbst zu entfalten?

Fragen zur Entwicklung und Anwendung schöpferischer Gaben und Talente:

Was – glaube ich – macht meine schöpferischen Gaben und Talente aus?

Was empfinde ich als besonders interessant, aufregend und beglückend? Welche beglückenden Erlebnisse dazu fallen mir ein, wo ich schöpferisch wirken konnte?

Wann habe ich mir aus reiner Freude und Begeisterung Wissen und Fähigkeiten angeeignet – auf welchen Gebieten?

Wie habe ich bisher meine besonderen Fähigkeiten zum Einsatz gebracht, und was habe ich dabei erlebt und erschaffen?

Welche kreativen Aufgaben fallen mir so leicht und welche Gaben nutze ich so selbstverständlich, dass mir gar nicht bewusst ist, wie wertvoll sie eigentlich sind?

Habe ich Talente, die ich kaum wahrnehme, weil sie von der Gesellschaft im Allgemeinen nicht als wertvoll angesehen werden? Wie können diese Talente trotzdem ihren Wert für mich und andere Menschen entfalten?

Welche Entwicklung haben meine Fähigkeiten und Talente durchlaufen, wo habe ich Fortschritte erzielt? Wie würde ich meine Fähigkeiten gern weiterentwickeln – sowohl Spezialtalente als auch Schlüsselqualitäten, die ich benötige, um insgesamt erfolgreich wirken zu können?

Das unreife Kind und das kreative Kind im Inneren

In jedem Menschen gibt es das unreife innere Kind, aber auch das kreative innere Kind. Das unreife Kind repräsentiert die inneren Anteile, die in ihrer Entwicklung steckengeblieben sind, die nicht erwachsen werden wollen – weil sie noch keine Verantwortung übernehmen wollen für ihre Gefühle, ihre Probleme und ihr eigenes Glück. Das kreative Kind repräsentiert die gesunde Kindlichkeit, Neugier und Verspieltheit, die jedem Menschen in jedem Alter grundsätzlich gegeben ist. Denn echte Reife schließt kindliche Freude und Kreativität mit ein. Das Leben ist ja ein Abenteuer und ein Entwicklungsprozess, der nie aufhört. Es gibt immer neues zu entdecken und zu erforschen – in der Welt ebenso wie im eigenen Inneren.

Das kreative Kind ist voller Liebe, sprühender Begeisterung, Abenteuerlust, Vertrauen ins Leben, lernwilliger Offenheit und Neugier. Wenn du dich mit ihm verbindest, kannst du das unreife Kind „auftauen" und es zur Weiterentwicklung anregen. Zudem bist du dann in der Lage, dich nicht länger mit dem unreifen Kind zu identifizieren und aus der Opferrolle auszusteigen. Du kannst es verständnisvoll annehmen, ohne es zu verurteilen, und kannst seine Ängste entkräften.

Das unreife Kind im Inneren gerät leicht in die Opferrolle oder in die Täterrolle, weil es seine Liebesfähigkeit und seine Wahrnehmung einschränkt. Es klammert sich an seine infantile Vorstellung von Sicherheit und allerlei Ego-Bedürfnisse. Immer wenn es sich in seiner Sicherheit bedroht fühlt, verschließt es sich innerlich und reagiert lieblos. Es behandelt andere lieblos und kontrollierend – oder es behandelt primär sich selbst lieblos und verrät seine Gefühle, um anderen zu gefallen. Wenn das unreife Kind sich auslebt, ist das kreative Kind im Exil. Denn das kreative Kind ist ein Teil der Seele, und das unreife Kind lebt von der Seele getrennt. Es kann jedoch durch Bewusstmachen, durch Erkennen und Annehmen dazu gebracht werden, zu reifen und sich wieder mit der Seele zu verbinden.

Für kreative und sensible Menschen ist es besonders wichtig, Verhaltensweisen des unreifen Kindes in sich selbst und in anderen Menschen wahrzunehmen. Seelen können sich nicht verstricken, doch unreife Kinder leiden ständig unter den Verstrickungen, die sie miteinander eingehen. Die Sicherheitsbedürfnisse deines eigenen unreifen Kindes werden laufend von den Kontrollbedürfnissen der unreifen Kinder in deinen Mitmenschen untergraben. Vielleicht fragst du dich oft, warum ein Mensch, der dich doch eigentlich liebt und der viele liebenswerte Eigenschaften hat, dich terrorisiert oder übergeht oder dir nicht erlaubt, frei und glücklich und ganz du selbst zu sein. Erforsche dann, welches Drama eure unreifen Kinder miteinander inszenieren. Wenn dein unreifes Kind glaubt, Akzeptanz, Bestätigung oder Unterstützung von anderen zu brauchen, um sich sicher zu fühlen, zieht es egoistische unreife Kinder an, die es beherrschen und ausnutzen wollen. Sie heizen seine Ängste und Unsicherheitsgefühle weiter an.

Du kannst dich mit deiner kreativen Kraft und deiner Erkenntnisfähigkeit verbinden und diese Dramen beenden. Dabei hilft es dir, die unreifen Kinder anderer zu studieren und herauszufinden, warum sie so geworden sind: Viele Menschen leben völlig unreflektiert ihre unreifen Anteile aus. Das schränkt ihre Liebesfähigkeit stark ein. Sie können nur noch geringfügig auf ihr eigentliches Potenzial und Feingefühl zugreifen. Da sie sich mit ihren

Ängsten und anderen ungeliebten Gefühlen nicht auseinandersetzen wollen, wollen sie sich ihr unreifes Kind nicht bewusst anschauen. Deshalb leben sie in einem Zustand der weitgehenden Trennung von ihrer Seele – also weitgehend getrennt von ihrer Liebe und ihrem schöpferischen Potenzial. All diese Menschen können ihre eigene Einzigartigkeit und Kreativität nicht wertschätzen, denn dies würde ihnen ihre inneren Konflikte bewusstmachen. Solche „schlafenden" Menschen können natürlich auch *deine* Einzigartigkeit und deine schöpferische Kreativität nicht wertschätzen. Du kannst von ihnen nicht erwarten, dass sie dich respektieren und anerkennen für das, was du bist. Du kannst auch keine anspruchsvolle Freundschaft oder Liebesbeziehung mit jemandem führen, der in spiritueller Hinsicht schläft. Auch wenn diese Menschen natürlich ihre liebenswerten Seiten haben und in Momenten, in denen es ihnen gut geht und sie nicht mit Herausforderungen konfrontiert werden, sehr aufmerksam und zuvorkommend sein können. Sie lieben dich jedoch nur, solange du ihre Vorstellungen und Erwartungen erfüllst. Sobald sie ihren persönlichen Vorteil in Gefahr sehen – oder ihr Selbstbild und die Rolle, die sie spielen wollen – ziehen sie ihre Liebe zurück. Dann bekommst du ihre Manipulationstaktiken zu spüren oder ihre Negativität, die sie bei sich selbst nicht sehen wollen und auf dich projizieren. Unbewusst lebende Menschen lieben nicht mit dem Herzen, sondern mit dem Ego.

Natürlich kannst du ihnen trotzdem liebevoll begegnen, aber du kannst keinen anspruchsvollen, wachstumsfördernden Austausch mit ihnen pflegen und du kannst dich bei ihnen nie wirklich wohl und geborgen fühlen. Suche dir deshalb als Freude und Projektpartner nur Menschen aus, die deine Einzigartigkeit wertschätzen können, ebenso wie sie ihre eigene Einzigartigkeit wahrnehmen und schätzen. Solche Menschen sind mit ihrem kreativen Kind stark verbunden und haben noch Visionen – sie leben nicht einfach wie ein Rädchen im Getriebe.

Wenn du ein anstrengendes Drama erlebst, sucht dein unreifes Kind wahrscheinlich Sicherheit, Geborgenheit oder Bestätigung. Es fühlt sich zu Leuten hingezogen, die „schlafen", weil es deren niedrige Gesinnung nicht erkennen kann. Oder es fühlt sich von solchen Leuten tyrannisiert und will sie loswerden, hat aber Angst davor, dass etwas Schlimmes passieren könnte, wenn es ihnen einfach den Rücken kehren würde. Erforsche die Ängste, die dein unreifes Kind daran hindern, loszulassen. Rufe dein kreatives Kind und beachte, wie viel Lebendigkeit, Liebe und Schönheit in ihm stecken. Es hat ein Umfeld verdient, in dem es sich spiegeln kann und sich mit seinem ganzen Reichtum einbringen kann.

Wenn du mit dem kreativen Kind verbunden bist, kannst du daran glauben, dass du dieses Umfeld finden wirst. Wenn du dem kreativen Kind Raum gibst, erkennst du, wer zu dir passt und wer nicht. Du interessierst dich nur noch für Menschen, die innerlich offen sind für authentische Begegnung und Erweiterung. Du interessierst dich nun auch nicht mehr für die Meinungen und Glaubensvorstellungen von Leuten, die nicht zu dir passen. Deine innere Wahrheit wird immer klarer deutlich, und sie ist dein Kompass, der dir den Weg weist. Sie ist deine einzige Quelle verlässlicher Sicherheit.

Meditation: Ein Ort der Sicherheit und Geborgenheit für das innere Kind

In jedem Menschen gibt es ein inneres Kind, das sich nach Sicherheit und Geborgenheit sehnt. Denn jeder hat als Kind oftmals Geborgenheit vermisst, vielleicht kaum erträgliche Angst und Verlassenheit empfunden und sich deshalb mit dem Bewusstsein von seinem Energiekörper ein Stück weit getrennt. Der Erwachsene leidet deshalb immer noch an einem Mangel an Geborgenheit und sucht dafür nach Kompensationsmöglichkeiten. Dabei sucht er im Außen, und das ist nicht nur erfolglos, sondern es führt auch zu Verstrickungen und so zu noch größerer innerer Not. Wer sich kreativ und selbstbestimmt im Leben verwirklichen will, braucht die Fähigkeit, Geborgenheit in sich selbst zu finden und in sich zu ruhen.

Das ungeborgene innere Kind kann im Nachhinein mit den Energien versorgt und genährt werden, die ihm so sehr fehlen. Das kannst du mit Hilfe folgender Meditationen tun – immer dann, wenn du das Bedürfnis danach verspürst:

Erspüre die Sehnsucht deines inneren Anteils, der sich nach einem sicheren Ort der Ruhe und Geborgenheit sehnt. Wie könnte dieser Ort aussehen? Lass in deiner Phantasie ein Bild dafür entstehen. Was gibt es dort, und wie fühlt es sich an? Ist es ein Garten, ein geschützter Ort in der Natur, vielleicht mit einer sonnigen Blumenwiese, einem Ruheplatz oder einem Schlafplatz?

Lass ein Bild für den Ort entstehen, der genau die Bedürfnisse erfüllt, die dein inneres Kind jetzt hat. Betrachte dieses Kind, wie es jetzt gerade aussieht und wie alt es ist. (Es kann sich immer wieder in einem anderen Alter zeigen, denn es hat zu vielen Zeitpunkten seiner Entwicklung Erfahrungen der Ungeborgenheit gemacht.)

Umarme dein inneres Kind, drück es ans Herz und bring es zu diesem Ort, wo es die ersehnte Sicherheit, Geborgenheit und liebevolle Energie bekommen kann.

Begleite dein Kind, dann wechsle die Perspektive und werde selbst zu dem Kind. Du fühlst dich jetzt sicher und glücklich und spürst, dass du dich vollkommen entspannst. Nun wirst du intensiv eins mit der Umgebung und genießt, wie sich das Gefühl in dir ausbreitet, das du immer ersehnt hast: Wärme, Liebe, Frieden, Stille, ein Eingehüllt-Sein in schützende und nährende Energien.

Bade in diesen Energien, bis du dich ganz damit angefüllt fühlst. Bleibe an diesem Ort und genieße ihn, solange du willst. Dieser Ort wird dir ab jetzt immer zur Verfügung stehen, wenn du ihn brauchst. Er kann bei Bedarf auch beliebig umgestaltet werden.

Wenn du wieder die Erwachsenenperspektive eingenommen hast, nimm dein inneres Kind zu dir, so dass es mitsamt dem heilsamen Ort einen Platz in deinem Herzen findet.

So bleibst du mit ihm in Verbindung und kannst immer wieder, wenn es das Bedürfnis nach Entspannung und Geborgenheit hat, mit ihm zusammen diesen Ort besuchen.

Das Selbstgefühl erneuern

Kreative Kinder erleben sich als „anders" und oft unwillkommen

Vielen unspezifischen Gefühlen des Unwohlseins und der Anspannung liegt ein verdrängtes Kindheitsgefühl zugrunde, das sehr umfassend ist: Das Empfinden von „Ich darf nicht ich selbst sein".

Besonders hochkreative Kinder entwickeln in der Kindheit diese Vorstellung, weil sie immer wieder die Erfahrung machen, dass sie anders sind als die anderen, und dass sie deshalb Schwierigkeiten bekommen. Die Schwierigkeiten beginnen meist in der Familie, und sie setzen sich fort im Kindergarten, in der Schule und im Kreis von Gleichaltrigen. Kinder, die „anders" sind fallen auf und ecken an, auch wenn sie den sehnlichen Wunsch haben, dazuzugehören und sich harmonisch einzufügen.

Sie können ihr So-Sein nicht wirklich verändern. Aber sie können sich bestimmte Verhaltensweisen aneignen, die ihnen dazu verhelfen, sich äußerlich anzupassen oder aber sich dem Anpassungsdruck zu entziehen. Manche entwickeln also eine sehr anpassungsbereite Persönlichkeit, indem sie ihre eigenen Gefühle und Bedürfnisse zurückzuhalten lernen. Andere wiederum entwickeln Verhaltensauffälligkeiten, um sich innerlich aus der belastenden energetischen Situation „auszuklinken". Sie ziehen sich beispielsweise in eine Traumwelt zurück oder sie reagieren zunehmend launisch, zappelig-unkonzentriert oder aggressiv.

Diese Kinder sind nicht krankhaft veranlagt, sondern sie haben von verschiedenen Seiten die Botschaft „Du darfst nicht du selbst sein" vermittelt bekommen und energetisch gespürt. Das ist den Familienangehörigen, Erziehern, Spielgefährten und Mitschülern allerdings nicht bewusst. Sie verfügen meist nicht über genug Achtsamkeit und Feinwahrnehmung, um die subtilen Botschaften und Energien wahrzunehmen, die sie aussenden. Das kreative Kind ist jedoch äußerst sensibel und empfänglich für diese feinen Signale gestörter Kommunikation. Das Gefühl „Ich darf nicht ich selbst sein" resultiert aus der Auswertung zahlreicher negativer Botschaften, die es als Reaktionen auf sein ursprüngliches Sein aufgefangen hat.

Hochsensible und hochkreative Menschen werden vom Umfeld als „anders" wahrgenommen, weil sie sich anders benehmen, andere Prioritäten setzen, die Welt anders wahrnehmen und andere Begabungen haben als die Mehrheit. Diese Kinder haben an anderen Dingen Spaß, fühlen intensiver und spielen anders als die meisten Kinder. Das muss nicht zum Problem werden, wenn sie sich mit ihresgleichen zusammentun und vergnügen können. Wenn es aber in ihrer Familie, in ihrem direkten Umfeld oder in ihrer Schulklasse niemanden gibt, der genauso „tickt" wie sie, fühlen sie sich allein und unverstanden. Zudem wird ihnen meist vermittelt, dass sie „falsch" seien. Schließlich sind *sie* diejenigen, die auffallen, während die anderen die „Normalen" sind, einfach weil sie die große Mehrheit darstellen.

Nun kann man sich natürlich fragen, warum das Anders-Sein hochkreativer Kinder nicht einfach mit Toleranz und Neugier aufgenommen wird.

Manchmal sind Familienmitglieder in der Lage, einem solchen Kind Interesse und Wertschätzung entgegenzubringen, obwohl sie es oft nicht verstehen. Dazu gehört aber nicht nur Toleranz, sondern auch Offenheit und Mut im Umgang mit den eigenen Gefühlen. Denn ein hochsensibles Kind ist allein durch sein So-Sein eine Herausforderung für sein Umfeld: Es nimmt die verdrängten Gefühle der anderen wahr, wird davon stark berührt und reagiert entsprechend. Es spürt beispielsweise sofort, wenn die Mutter traurig oder wütend ist und weiß auch, wie die Mutter über es denkt und ob sie mit ihm zufrieden ist. Man kann es nicht mit oberflächlicher guter Laune beruhigen, da es sich nur wohlfühlt, wenn man sich tiefgehend und authentisch liebevoll mit ihm auseinandersetzt – das wird oft als „anstrengend" empfunden. Es benötigt für sein Wohlbefinden eine Beziehungsebene, die viele Menschen überfordert.

Deshalb wird es immer unter seinem Anders-Sein leiden, bis es sich dazu entschließt, sich zum emotionalen Heiler zu entwickeln – also mit viel Liebe die Beziehungen zu allen Menschen zu heilen, mit denen es in Kontakt steht. Dafür ist es zunächst nötig, eine heilsame Beziehung zu sich selbst aufzubauen. Es ist sehr schwer für ein Kind, sich selbst zu achten und zu lieben, wenn es nicht geachtet und geliebt wird, so wie es ist. Ein verständnisloses Umfeld, in dem es sich ständig „falsch" fühlt, erzeugt in einem Kind zwangsläufig Selbstablehnung. Deshalb kommt auf den

Jugendlichen oder den Erwachsenen, wenn er schließlich dazu bereit ist, viel Selbstheilungsarbeit zu. Dabei wird er immer wieder um das „Ich darf ich selbst sein" ringen. Er wird die Angst davor, er selbst zu sein, nur schrittweise abbauen können, indem er die belastenden Erinnerungen verarbeitet. Denn Erfahrungen bleiben unverständlich und erzeugen ein negatives Selbstbild, solange man sie nicht vollständig verarbeitet hat.

Wenn die Kreativität blockiert ist

Erwachsene, die ihre Kunst und ihre Kreativität sabotieren, wurden meist als Kinder für ihr Anders-Sein abgelehnt. Künstlerischer Selbstausdruck und gelebte Kreativität ist für sie ein Wagnis, weil es wieder die Erfahrung des Abgelehnt-Werdens hervorrufen kann. Es bedeutet für sie, ihr Innerstes zum Vorschein zu bringen und die Welt damit zu konfrontieren. Oder der Welt den Rücken zu kehren und heimlich im Verborgenen kreativ tätig zu sein, was ebenfalls ein schmerzliches Gefühl des Anders-Seins erzeugt. Um Kreativität wirklich genießen zu können, will man ihre Früchte auch mit anderen teilen. Kunst will Schönheit in die Welt bringen und Gefühle der Verbundenheit wecken. Es gibt zwar auch private Kunst, die lediglich der Aufarbeitung und Heilung traumatischer Gefühle dient. Doch jeder Künstler hat darüber hinaus das Bedürfnis, etwas zu erschaffen, was auch andere Menschen berührt, was allgemeinverständliche Botschaften transportiert.

Blockaden und Selbstsabotage dienen dazu, den Schmerz zu vermeiden – aber tatsächlich bewirken sie eher, dass man im Schmerz feststeckt. Ein verhinderter Künstler leidet ständig unter dem Schmerz, sich nicht zum Ausdruck zu bringen und nicht er selbst zu sein. Das finanzielle Argument oder die Notwendigkeit, sich um die Familie kümmern zu müssen sind oft Vorwände, um sich nicht den eigenen kreativen Bedürfnissen zu stellen. Zudem glauben die Betreffenden oft wirklich, dass ihre Kreativität nichts wert sei und von der Welt nicht gebraucht werde. Sie haben diese Überzeugung in der Kindheit verinnerlicht und nie hinterfragt. Dann stecken sie in der Traurigkeit fest, in einer Welt zu leben, die ihnen keine Freude bereitet und der sie auch keine Freude bereiten können. Alles erscheint grau und deprimierend, wenn man keine Lebensfreude hat, weil man die eigene Kreativität nicht auslebt.

Freude hat viel mit Kreativität und Selbstverwirklichung zu tun. Wer nicht er selbst ist – wer sich nicht erlaubt, sein wahres Selbst zu verwirklichen – kann sich nicht an seinem Leben erfreuen. Denn die kleinen Freuden des Alltags, etwa eine köstliche Mahlzeit oder ein Spaziergang in der Natur, können ihn darüber nicht hinwegtrösten. Das gilt insbesondere für hochkreative Menschen, die einen so starken natürlichen Drang zu schöpferischer Betätigung haben, dass nur massive unterdrückte Ängste sie davon abhalten können.

Sabotierende Ängste bewusstmachen und schrittweise auflösen

Deshalb ist es wichtig, sabotierende Ängste bewusst zu machen, damit sie sich im Licht bewussten Hinterfragens auflösen können. Dabei wird erkennbar, wie die Ängste in der Kindheit entstanden sind, und dass man sich im Erwachsenenalter die Unterstützung selbst geben kann, die man braucht. Für das Kind hat es sich sehr bedrohlich oder sogar vernichtend angefühlt, wenn es kritisiert wurde, ausgelacht wurde, abgelehnt oder von einer Gruppe ausgeschlossen wurde. In solchen Situationen werden archaische Ängste aktiviert. Im Erwachsenenalter ist es möglich, sich selbst so liebevoll und fürsorglich zu behandeln, dass man sich nicht mehr von solchen Ängsten steuern lassen muss. Es ist möglich, sie einfach zu fühlen, sie zuzulassen, anzuerkennen und dabei ganz bewusst den eigenen Weg zu gehen. Wenn man diese Ängste identifiziert, benannt und vielleicht künstlerisch zum Ausdruck gebracht hat, können sie die Kreativität nicht mehr so blockieren wie unterdrückte Ängste.

Dann kann man zunehmend Erfahrungen mit der eigenen Kreativität sammeln und sich dabei selbst neu kennenlernen. Je mehr positive Erlebnisse im

Austausch mit der Welt entstehen, umso mutiger wird man, mit der Zeit auch größere Ideen und Herausforderungen anzugehen. Es gibt immer eine Möglichkeit, im Kleinen dort anzufangen, wo man gerade steht.

Der kraftvolle Satz „Ich darf ich selbst sein" kann beim Überwinden von Blockaden aller Art helfen.

Ebenso Sätze der Selbstanerkennung: „Ich liebe und schätze mich für alles, was ich jetzt bin und was ich zu geben habe." „Ich bin glücklich über alles, was ich bin." „Ich bin dankbar für meine kreativen Gaben und mache sie der Welt zum Geschenk."

Vorgegebene Sätze sind jedoch nie so wirksam wie eigene, individuell gefundene Sätze, die immer wieder leicht variiert werden. Also eröffnet sich bereits hier ein schönes Betätigungsfeld für die eigene Kreativität. :-)

Emotionale Erpressung als gesellschaftliches Phänomen

Ich selbst sein dürfen und mich gut fühlen dürfen für das, was ich bin – dieses Recht glauben viele Menschen nicht zu haben. In der Gesellschaft verbreitete Erziehungspraktiken und Umgangsformen operieren nämlich häufig mit „Liebesentzug" oder mit der Suggestion, man müsse sich das Recht auf Akzeptanz durch wichtige

Bezugspersonen irgendwie emotional verdienen oder erkaufen.

Diese permanenten Spielchen der emotionalen Erpressung und Manipulation, mit denen viele Menschen aufwachsen, lähmen die Kreativität und fördern willenloses, angepasstes Verhalten. Hochsensible sind besonders empfänglich für die emotionalen Energien anderer. Deshalb ist es für sie besonders wichtig, manipulative Taktiken möglichst sofort zu erkennen und sich nicht in ungesunde Verhaltensmuster zu verstricken.

„Fühle ich mich in Gegenwart dieses Menschen wohl und entspannt?" „Darf ich *ich selbst sein* und mich gut fühlen?" Mit Hilfe solcher Fragen kann man sich der manipulativen Energien anderer bewusst werden. Es ist vielleicht nicht immer möglich, solchen Leuten aus dem Weg zu gehen. Aber es kommt letztlich nur darauf an, sich innerlich zu distanzieren und sich auf bedingungslose Selbstliebe und Selbst-wertschätzung einzustimmen, um einen inneren Raum des Wohlbefindens aufzubauen. Dieses Wohlbefinden schützt davor, von den Botschaften niedrig gesinnter Leute beeinflusst zu werden. Es schützt auch vor ungesunden Beziehungen mit Menschen, die einen nur auslaugen. Derartige Beziehungen gilt es loszulassen, um für echtes Glück und für kreative Entfaltung frei zu werden.

Eltern-Verstrickungen lösen

Die meisten Menschen hatten nicht das Glück, bei Eltern aufzuwachsen, die ihre schöpferische Kreativität in allen Bereichen leben konnten und zufrieden waren. Die Frustration der Eltern wegen ihrer unerfüllten Herzenswünsche belastet die Kinder und erschwert es auch ihnen, sich ihre Herzenswünsche zu erfüllen. Sie führt zu Verstrickungen, wobei das Kind entweder die Vorstellung entwickelt, die nicht verwirklichten Ambitionen der Eltern übernehmen und ihnen zuliebe nach Erfolg streben zu müssen, oder es entwickelt eine Hemmung, weil es gelernt hat, nicht an sich selbst zu glauben. Manchmal treten auch beide Varianten zugleich auf. Diese Verstrickungen – deren Ausmaß individuell verschieden ist – werden im Folgenden genauer betrachtet, damit sie bewusst gemacht und aufgelöst werden können:

Das erste Szenario betrifft Kinder, deren Eltern oder wichtige Bezugspersonen ihre eigenen Wünsche zurückgestellt haben, um ganz für die Familie da zu sein. Sie machten die Kinder zum Mittelpunkt ihres Lebens und belasteten sie deshalb mit ihren hohen Erwartungen. Die Kinder wuchsen mit dem Gefühl auf, es ihren Eltern zu schulden, diese Erwartungen zu erfüllen und auch bestimmte Eigenschaften und Berufs- und Lebensziele zu entwickeln, die den elterlichen Wünschen entsprechen. Vielleicht haben sich die Eltern sehr bemüht, die Talente des Kindes zu fördern, damit aus ihm einmal „etwas werden kann" – oder damit die Träume, die sie sich selbst nicht erfüllen konnten, später stellvertretend für sie vom Kind erfüllt würden. „Er soll es später einmal besser haben als ich" oder „Wenn ich schon nicht studieren konnte, soll wenigstens mein Kind studieren" sind Sätze, die diese Einstellung zum Ausdruck bringen.

Die Erwartungshaltung kann aber auch deutlich präziser sein: „Mein Kind ist ein Genie und ich tue alles dafür, damit es den Durchbruch schaffen wird, der mir (als Künstler, Musiker, Tänzerin, Profisportler, Schauspielerin …) nicht vergönnt war." Oder: „Meine Tochter wird einmal einen gut situierten und verlässlichen Mann heiraten und viele Kinder haben, so dass ich als Oma am Familienglück Anteil haben werde." Oder: „Mein Sohn wird das Familienunternehmen später einmal übernehmen und es erfolgreich leiten, so dass er ein angesehener und wohlhabender Mann wird, auf den ich stolz sein kann." Diese Eltern tun ihr Bestes für ihre Kinder – wie sie meinen – und bemerken nicht, dass sie die Kinder tendenziell wie ihren persönlichen Besitz behandeln und nicht wie eigenständige Wesen, die ihren Weg selbst finden müssen.

Die Kinder genießen vielleicht die Aufmerksamkeit und Förderung und lassen sich gern verwöhnen, jedoch fällt es ihnen schwer, eigene Ideale, Werte und Ziele sowie ein Gefühl für die eigene Identität zu entwickeln. Daraus entsteht

Unsicherheit und eine Bindung an das elterliche Wohlwollen. Sie glauben, ihre Eltern nicht enttäuschen zu dürfen und entwickeln Schuldgefühle bei der Vorstellung, „aus der Art zu schlagen" und eigene Wege zu gehen. Die jungen Erwachsenen können sich nicht wirklich abnabeln und nicht erkennen, dass sie eine eigene Perspektive entwickeln müssen, um herauszufinden, was das Beste für sie ist. Das, was die Eltern für das Beste halten, und was oft auch in der Gesellschaft allgemeine Anerkennung findet, ist oft alles andere als gut für sie. Die Eltern vermitteln ihnen fremdbestimmte Werte, weil sie selbst ja auch fremdbestimmt leben und nicht wissen, was sie glücklich machen würde.

Dieses innere Vakuum wird sozusagen an die nächste Generation weitervererbt. Diese steht nun vor der Herausforderung, individuelle Wege zum Glück zu finden oder aber in den kollektiven Ideologien steckenzubleiben. Letztere versprechen Sicherheit, also unterdrücken die jungen Menschen ihre Kreativität und ihr eigenständiges Denken, um sich anpassen zu können. Viele machen Karriere oder gründen eine Familie, ohne ein essenzielles Interesse daran zu haben. Erst wenn die innere Unzufriedenheit, Leere oder Frustration zu groß wird, macht sich manch einer auf den Weg, das wahre eigene Wesen und die kreative seelische Sehnsucht zu erkunden.

Das zweite Szenario betrifft Kinder, deren Eltern oder wichtige Bezugspersonen die Frustration über das eigene unerfüllte Leben auf ihren Kindern abgeladen haben. Diese Eltern fühlten sich als Opfer eines ungerechten Schicksals und machten dafür andere Menschen verantwortlich, vielleicht auch ihre Kinder. Meist unbewusst und auch unbeabsichtigt belasteten sie die Kinder mit negativen Botschaften. Diesen wurde oft gesagt oder auch nur emotional vermittelt: „Du bist ein Versager / Du bist nichts wert / Du bist nicht gut genug / Du bereitest allen Ärger / Du bist nicht willkommen" und dergleichen mehr. Die Ursache dafür ist die unterdrückte Wut der Eltern, die nicht offen zum Ausdruck kommen durfte, ebenso wie Gefühle von Ohnmacht und Verzweiflung: Wenn solche Gefühle nicht verarbeitet werden können, erzeugen sie Selbsthass, und ein Mensch in diesem Zustand ist nicht fähig, seinen Kindern Liebe entgegenzubringen. Er behandelt sich selbst oft verächtlich und lieblos und hat ein negatives Selbstbild. Vielleicht nimmt er in seinen Kindern Eigenschaften wahr, die er in sich selbst ablehnt und lehnt deshalb auch die Kinder ab. Vielleicht nimmt er auch Eigenschaften in den Kindern wahr, die er selbst verloren hat – etwa Freiheitsliebe, spontane Freude und Übermut oder große emotionale Empfindsamkeit – und lehnt die Kinder dafür ab, weil sie ihn schmerzlich an diesen Verlust erinnern.

Kinder, die dieses Szenario erleben, entwickeln häufig negative Selbstbilder, die sie durch besonders angepasstes oder aufopferungsbereites Verhalten zu überdecken versuchen. Die dadurch entstehenden inneren Konflikte müssen aus der Wahrnehmung ausgeblendet werden, weshalb sie ihr Wahrnehmungsvermögen einschränken. Umso weniger sind sie in der Lage, sich selbst zu spüren und ihrer eigenen Wahrnehmung zu vertrauen. Sie haben das Gefühl, dass etwas mit ihnen nicht in Ordnung sei und dass der Traum vom echten Glück und von der Verwirklichung seelischer Wünsche aussichtslos wäre. In der Jugend rebellieren sie vielleicht gegen die elterlichen Werte und stellen sich vor, nie so werden zu wollen wie ihre Eltern. Es fehlt ihnen jedoch an Glauben an sich selbst, weshalb sie oft keine klaren eigenen Ziele entwickeln und verfolgen können.

Solange sie sich ihre emotional traumatischen Kindheitserfahrungen nicht bewusstmachen und sie verarbeiten, bleiben sie in dieser Hemmung ihrer schöpferischen Kraft gefangen. Denn dann projizieren sie ihre Kindheitserlebnisse auf die Zukunft und ziehen infolgedessen tatsächlich wieder ähnliche Erfahrungen an. Sie ziehen Ablehnung, Neid, Missgunst oder Unterdrückung auf sich oder fürchten sich davor, weshalb sie ihre Kreativität unterdrücken. Die unausgesprochenen Botschaften ihrer Eltern, mit denen sie aufgewachsen sind, lauteten etwa: „du sollst es auch nicht besser haben als ich" oder „Wegen dir musste ich meine Träume aufgeben" – und diese Botschaften wirken in ihnen weiter und erzeugen unbewusste Angst, dass das Leben sie bestrafen würde, wenn sie nach Glück und kreativer Selbstverwirklichung streben würden. Also sabotieren sie ihre Kreativität und ihren Erfolg lieber selbst, um Schmerz und Unheil zu vermeiden, das ihnen durch andere Menschen oder durch das Schicksal zu drohen scheint.

Menschen in diesem Dilemma stehen zunächst vor der Aufgabe, sich selbst Liebe, Wertschätzung und Großzügigkeit zukommen zu lassen. So erlangen sie mehr Klarheit und eine positive Einstellung zu sich selbst. Dadurch werden sie fähig, ihre Geschichte zu verarbeiten und sie schließlich hinter sich zu lassen. Sie lernen, dass Liebe auf der Seelenebene überall verströmt werden kann und nicht missbraucht werden kann, sondern stets auch liebevolle Reaktionen aus dem Umfeld anzieht. Auf dieser Grundlage entsteht der Mut, die kreative Energie fließen zu lassen und sich auf beglückende Erfahrungen einzustimmen. Die Vergangenheit braucht nicht mehr wiederholt werden, sondern kann durch eine neue und höhere Ebene des Sich-Einbringens abgelöst werden.

Beide Szenarien erzeugen zunächst innere Verunsicherung und eine Einschränkung der Wahrnehmungsfähigkeit. Der Weg des Erwachsenwerdens führt durch die Unsicherheit hindurch zu der Aufgabe, die wahre eigene Identität kennenzulernen und sie zunehmend im Austausch mit der Welt zu verwirklichen.

Die Lebenseinstellung erneuern

Realistisches Denken ist positiv

Realistisches Denken ist nie negativ und düster. Wer eine Situation realistisch einschätzt, bezieht alle Faktoren in seine Betrachtungen ein, blendet also nichts aus. Er nimmt sowohl die aussichtsreichen als auch die eventuell erfolgshinderlichen Aspekte wahr, ehe er ein Projekt beginnt. So lassen sich unüberlegte Handlungen und Enttäuschungen vermeiden.

Viele Menschen haben jedoch Angst davor, eine Situation eigenständig einzuschätzen und glauben, sich auf ihre Wahrnehmung nicht verlassen zu können. Sie haben Angst, kreativ eigene Wege zu beschreiten, weil sie annehmen, dass ihre Selbsteinschätzung und ihre Einschätzung ihrer Möglichkeiten wahrscheinlich falsch wären. In diesem Zustand bräuchten sie Ermutigung und Unterstützung von Freunden und anderen Menschen in ihrem Umfeld. Oft erlebt ein kreativer Mensch aber eher das Gegenteil: Wichtige Bezugspersonen ebenso wie gesellschaftliche Mehrheitsmeinungen vermitteln ihm negative und düstere Vorstellungen. Da er sehr empfänglich ist für die Sichtweisen anderer, nimmt er sie alle in sich auf und lässt sich davon immer mehr verunsichern. Bald hat er das Gefühl, eine positive Einstellung zu seinen Fähigkeiten und Möglichkeiten wäre unrealistisch. Denn wenn so viele Menschen (oder so wichtige Menschen) in seinem Umfeld keine positive Wahrnehmung von seinem Potenzial haben, müsste er dies doch berücksichtigen. Vielleicht glaubt er nun, zunächst einmal die anderen umstimmen und von sich überzeugen zu müssen, ehe er es wagen könnte, seinen eigenen Ideen und Visionen nachzugehen.

Mit dieser Einstellung jedoch setzt man sich selbst in eine Falle, aus der es kaum ein Entrinnen gibt. In den meisten Fällen nämlich werden sich die Anderen nicht dazu bringen lassen, einen verunsicherten Kreativen zu bestärken, Dinge zu tun, die sie sich selbst nicht erlauben würden. Ein Großteil der Menschen lebt unkreativ – aber das liegt nicht an den Genen, sondern an kreativitätsfeindlichen Überzeugungen, denen sie sich unterworfen haben. Sie führen lieber ein eingeschränktes Leben, als sich ihren innersten Sehnsüchten und den damit verbundenen Ängsten zu stellen. Wie soll sich ein Kreativer von solchen Menschen, die die eigene Seelen-Sehnsucht tief verdrängt haben, Rat und Ermutigung holen?

Ehe du den Meinungen anderer Gehör schenkst, denke in Ruhe darüber nach, ob ihre Meinungen wirklich für dich von Wert sind. Dabei helfen folgende Überlegungen: Wie liebevoll gehen die Betreffenden mit sich selbst um? Gehen sie ihren Herzensanliegen und Visionen nach? Führen sie ein vorrangig glückliches und schöpferisches Leben, sind sie im Frieden mit sich selbst? Welche Motive und Absichten stehen hinter ihren Ratschlägen oder Bewertungen, die sie an dich herantragen? Sind diese womöglich unbewusst von Neid, Kontrollbedürfnis, Verlustangst oder von dem Wunsch geprägt, dich zu besitzen und Macht über dich auszuüben?

Es gibt eine Menge Gründe für negative und herunterziehende Botschaften. Wenn du dir dieser Tatsache bewusst wirst, kannst du solche Botschaften „aussortieren" und musst sie nicht länger ernst nehmen. Fällt es dir sehr schwer, dich solchen Einflüssen zu entziehen, hast du vielleicht einen sabotierenden inneren Anteil, der nicht an dein Glück und an deine Möglichkeiten glaubt. Er will dich daran hindern, eigenverantwortliche Entscheidungen zu treffen und dich damit dem „Risiko" auszusetzen, zu scheitern oder enttäuscht zu werden. Deshalb ist es wichtig, traumatische emotionale Erfahrungen, die in der Vergangenheit nicht verarbeitet wurden, zu heilen. Die Möglichkeiten dazu sind vielfältig, und es gibt viele Wege, die eigene Kreativität zur emotionalen Selbstheilung und künstlerischen Vergangenheitsbewältigung zu nutzen – beispielsweise Ausdruckstanz, Schreiben, Arbeit mit dem inneren Kind, Arbeit mit lichtvollen Energien und Phantasiereisen, schamanische Heilrituale oder was dich sonst gerade innerlich anspricht und berührt. Je mehr innere Anteile geheilt und ins Bewusstsein deiner selbst integriert werden, umso klarer wird deine Wahrnehmung und Selbsteinschätzung.

Realistisches Denken ist positiv. Das bedeutet, dass du dich auf das konzentrierst, was du willst und dich innerlich auf Glück und erfolgreiche Verwirklichung deiner Talente ausrichtest. Es ist gleichgültig, ob einige Leute dein Glück nicht wollen oder nicht an dich glauben. Denn es ist niemals realistisch, sich selbst *generell* zu misstrauen, sich selbst als unbegabt, erfolglos, unwillkommen wahrzunehmen oder sonst irgendwie benachteiligt und zum Unglück verdammt. Eine optimistische und liebevolle Einstellung bezieht sich auf deine *inneren* Qualitäten und Potenziale – die grundlegende Voraussetzung für dein Glück. Diese Qualitäten können gar nicht mangelbehaftet sein. Deshalb ist jedes Denken, das deine grundlegenden Qualitäten in Frage stellt, unrealistisch.

Wenn dich Selbstzweifel zu lähmen beginnen, ergründe, worauf sich deine Zweifel beziehen. Zweifel an grundlegenden inneren Werten und Qualitäten sind niemals berechtigt. Doch derartige Zweifel gehen an die Substanz, wenn man sich ihnen hingibt. Unterscheide unberechtigte Zweifel von berechtigten, und lerne konstruktives Zweifeln: Zweifel an konkret definierbaren äußeren Erfolgszielen können berechtigt sein, denn sie beziehen sich nicht auf dein schöpferisches Sein, sondern auf spezifische Wünsche, die von vielen konkreten Bedingungen abhängen. Beispielsweise ist es durchaus berechtigt, wenn ein musikalisch hochbegabter Mensch daran zweifelt, Orchestermusiker in einem klassischen Streichorchester werden zu können. Aber es ist nicht berechtigt, an seinen Möglichkeiten zu zweifeln, generell etwas mit Musik zu machen und damit Erfolg zu haben. Der erste Wunsch bezieht sich auf ein sehr konkretes äußeres Ziel, der zweite Wunsch bezieht sich auf die Verwirklichung eines Seelenziels. Wenn der erste Wunsch nicht erfüllbar sein sollte, gibt es zahlreiche Alternativen, die womöglich sogar noch mehr Glücksgefühle in Aussicht stellen. Wenn hingegen der Wunsch, überhaupt irgendetwas mit Musik zu machen, für diesen Menschen unerfüllbar wäre, müsste er natürlich traurig sein. Eine solche Vorstellung entsteht aus Mangel an Selbstwahrnehmung und mangelndem Glauben an sich selbst.

Der Wunsch nach Anpassung trübt die Wahrnehmung

Lähmende und deprimierende Zweifel an den eigenen kreativen Entfaltungsmöglichkeiten zeigen ein unrealistisch negatives Selbstbild an. Es ist durchaus möglich, dass dir dieses Selbstbild in deiner Kindheit vermittelt wurde, weil du anders warst, als deine Eltern oder andere Menschen dich haben wollten. Musikliebende Eltern freuen sich vielleicht über ein musikalisches, sensibles Kind und fördern sein Talent. Eltern mit ganz anderen

Interessen würden ein so veranlagtes Kind vielleicht ablehnen. Diese Ablehnung betrifft weniger das musikalische Talent als den ganzen Charakter, der damit einhergeht. Das Kind lernt dann, sich selbst als irgendwie falsch zu empfinden, und es beginnt, seinen Charakter abzulehnen und oft auch seine Talente, die ja eng mit dem Charakter verbunden sind. Ein solches Kind beginnt, sich mit anderen Dingen zu beschäftigen als mit den Dingen, die es wirklich begeistern, weil es „dazugehören" will und weil es anerkannt und geliebt werden will. Es verliert den Glauben an den Wert seiner Einzigartigkeit und Kreativität. Später hat der Jugendliche keine klare Vorstellung davon, was er will und was ihm Freude macht. Vielleicht glaubt er, die Dinge zu wollen und interessant zu finden, die seine Eltern oder sein Freundeskreis wichtig finden. Auch die Berufswahl wird oft von den Eltern und vom gesellschaftlichen Umfeld beeinflusst oder sogar vorgegeben. Der Mangel an Selbstwahrnehmung und Selbstwertschätzung macht es unmöglich, wirklich eigenständige Ideen und Ziele zu entwickeln.

Früher oder später macht sich zunehmende Unzufriedenheit bemerkbar. Das kann dazu führen, dass der Erwachsene schließlich doch nach seinen wahren Interessen und Talenten zu suchen beginnt. Da diese hinter einem nebligen Schleier verborgen sind, und da er bis jetzt kaum Erfahrungen damit sammeln konnte, fühlt er sich dabei recht unsicher. Er braucht Gelegenheiten, sich selbst neu zu erfahren und einiges auszuprobieren. Nun können Austausch mit Gleichgesinnten, der Besuch von Kursen und Seminaren und das Umsetzen spielerischer Projekte dabei helfen, weiterzukommen. Solche Schritte erfordern allerdings Mut.

Viele Menschen zögern, etwas Neues auszuprobieren oder vielleicht eine ganz neue Richtung einzuschlagen, da ihnen ihre Ambitionen unrealistisch und gewagt erscheinen. Viele sind durch jahrelange Anpassung an kreativitätsfeindliche Umfelder von Menschen umgeben, die ihnen ihre „Flausen" ausreden und sie zur vermeintlichen Vernunft bekehren wollen. Diese scheinbare Vernunft stellt oft materielle Belange in den Vordergrund – als bestände der Sinn des Lebens darin, sich in möglichst gut gesicherten, aber langweiligen Verhältnissen einzurichten und bis zum physischen Tod darin zu verharren und zu funktionieren. Solche Denkweisen und Wertvorstellungen, die mit Macht an einen verunsicherten kreativen Menschen herangetragen werden, wirken auf diesen wie Gehirnwäsche. Er entwickelt die Tendenz, negativ über seine Zukunft zu denken und sich alle möglichen Szenarien des Scheiterns und des Unglücks auszumalen, statt sich auf seinen erwünschten Erfolg zu konzentrieren.

Du allein entscheidest, woran du glaubst

Um frei zu werden von den angstvollen Vorstellungen über deine Fähigkeiten, deine Möglichkeiten und deine Zukunft, die deine kreative Entfaltung hemmen, brauchst du Abstand zu dem, was dich bisher geprägt hat. Was dich geprägt hat, ist in der Regel auch das, woran du heute glaubst. Die Glaubensvorstellungen der meisten Menschen sind stark vom Kollektiv geprägt. Woran ein Mensch glaubt, hängt meist vom Kulturkreis ab, in dem er aufgewachsen ist. Kollektive Glaubensüberzeugungen werden durch ideologische Systeme erzeugt, durch Religionen ebenso wie etwa durch wissenschaftliche und materialistische Paradigmen. Neben diesen kollektiven Denkweisen schränken die Prägungen durch individuelle Erfahrungen in Kindheit und Jugend deinen Glauben an deine schöpferischen Möglichkeiten ein. Dennoch hast du jederzeit die freie Wahl, selbst zu entscheiden, woran du glauben willst.

Es ist sogar deine Aufgabe als ein auf Erden inkarniertes Geistwesen, diese Freiheit in Anspruch zu nehmen. Du willst entdecken wer du bist und dein kreatives wahre Selbst leben – also gilt es auch herauszufinden, woran du glaubst. Diejenigen Menschen, die sich einfach passiv der kollektiven Prägung überlassen, können kein selbstbestimmtes und glückliches Leben führen. Doch das Verharren in übernommenen Glaubensvorstellungen erscheint ihnen „sicher", weil man Angst damit betäuben kann: Die Angst vor eigenverantwortlichen Entscheidungen und deren Konsequenzen kann man betäuben, indem man andere entscheiden lässt. Auch wenn man scheinbar eigenständig eine Entscheidung trifft, hat man oft nur automatisch verinnerlichte Regeln und Werte befolgt, die man von anderen übernommen hat. Obwohl solches Verhalten in höchstem Maße leichtsinnig und häufig selbstschädigend ist, fühlt es sich für viele Menschen paradoxerweise sicher an. Als sei die Tatsache, dass auch die Eltern oder bestimmte Eliten und Institutionen oder die Kirche oder die Mehrheit bestimmten Überzeugungen anhängen, ein Garant für deren Richtigkeit.

Diesen fremden Überzeugungen nicht zu folgen erscheint aus vielen Gründen beängstigend. Der Mensch verhält sich meist wie ein Herdentier und glaubt, dass die Mehrheit automatisch Recht hat. Er glaubt, nicht von der Norm und vom allgemein üblichen Verhalten abweichen zu dürfen, solange es keine dringende Notwendigkeit dafür gibt. Denn abweichendes Verhalten kann zu vielerlei Anschuldigungen, zu Kritik und Feindseligkeit bis hin zum Ausschluss aus der Herde führen. Wer frei und selbstbestimmt handelt und sich nicht kontrollieren lässt, wirkt eventuell auf viele Herdenmitglieder bedrohlich. Sie fühlen sich in ihren starren Ideologien und Wertvorstellungen infrage gestellt – und manche haben Angst, dass die ganze Herde unkontrollierbar werden oder zerfallen könnte, wenn einzelne sich über die gängigen Regeln hinwegsetzen.

Wer also nicht den ausgetretenen Pfaden folgt, fühlt und weiß, dass er nicht den Segen dieser Herdenmitglieder hat. Er fühlt vielleicht sogar, dass sie ihm Unglück wünschen, und dass sie seine Ideen missbilligen. Sobald er sich auch nur mental mit ihnen verbindet, gelingt es ihm nicht mehr, optimistisch zu denken und an sich zu glauben. Je weniger er sich dieser telepathischen Einflüsse bewusst ist, umso stärker werden seine Zweifel und Ängste. Sie fordern ihn heraus, Klarheit zu erlangen und sich vollständig von übernommenen Werten und Glaubensvorstellungen loszulösen.

Klarheit bedeutet, zu wissen, was man wirklich will. Dafür ist es nötig, negative Denkweisen zu entlarven als etwas, was lieblos ist und was der inneren Wahrheit der Seele nicht entspricht. Die Konzepte anderer Leute haben für dich keine Gültigkeit, und sie können dich nicht daran hindern, dein Glück zu verwirklichen. Glaubenskonzepte entfalten ihre Wirkung nur bei denjenigen, die an sie glauben. Deshalb haben die einschränkenden Denkweisen anderer keine Macht über dich, solange du sie für dich selbst nicht als Wahrheiten akzeptierst.

Wenn du deine eigene Wahrheit lebst, begibst du dich in das Resonanzfeld, das dieser Wahrheit entspricht. Entscheidest du dich klar für eine liebevolle, aufbauende und lebensfördernde

Wahrheit, hast du keine Resonanz mehr zu negativ eingestellten Leuten und fühlst dich von solchen nicht mehr beeinflusst und heruntergezogen. Du selbst entscheidest, in welchem Schwingungsfeld du dich bewegst: indem du deine Werte und Überzeugungen bewusst definierst. Wenn du in einer liebevollen Welt leben willst, in der die Einzigartigkeit jedes Menschen geachtet und gewürdigt wird, behandle dich selbst und alle Mitmenschen mit genau dieser Achtung und Liebe. Dadurch erschaffst du dein Schwingungsfeld, das Menschen mit derselben Ausrichtung anzieht.

Findest du in deinem Umfeld noch nicht diese Bereitschaft für Liebe, Wertschätzung und Lebensfreude, hinterfrage deinen eigenen Umgang mit dir selbst. Wie du mit dir selbst umgehst und zu dir selbst stehst – auch wenn es dir nicht bewusst ist – bestimmt deine Ausstrahlung. Innerer Frieden zeigt an, wann du im Einklang mit deiner höheren Wahrheit bist. Im Zustand des Friedens glaubst du daran, dass du dich selbst lieben darfst und deine Kreativität leben darfst und dass deine Einzigartigkeit ihren Wert und ihren Sinn hat. Also behandelst du dich dementsprechend und gestaltest dadurch deine Erfahrungen in der Welt.

Die Welt als Spiegel

Jede Erfahrung, die du in der Welt machst, hat etwas mit dir zu tun – denn du bist energetisch aktiv an all deinen Erfahrungen beteiligt. Auch wenn es oft so erscheinen mag, als wäre man eher ein passives Opfer zufälliger Gegebenheiten, beruhen die Ereignisse im Leben eines Menschen immer auf Resonanz. Um schöpferisch dein Leben zu gestalten, strebe nicht danach, andere Menschen zu verändern oder gegen irgendetwas zu kämpfen, was du gerade nicht ändern kannst. Ändere das, was sich durch ein freudiges Engagement bewegen lässt, und zieh deine Energie zurück, wenn du mit Freude und Liebe momentan nichts bewirken kannst.

In solchen Situationen gilt es, den Blick nach innen zu lenken und die eigene Einstellung zu sich selbst zu hinterfragen. Das Leben ruft immer wieder dazu auf, mehr Selbstliebe zu entwickeln. Aber meist ist es einem gar nicht bewusst, wie man mit sich selbst umgeht. Man hat diese Einstellungen von Kind an erlernt, da man die Denkweisen anderer unhinterfragt übernommen hat. So geben die Erwachsenen ihre ungesunden Einstellungen an ihre Kinder weiter, und diese leiden dann später oft unter den gleichen Problemen, die schon ihre Eltern hatten. Sie leiden unter den beschränkten Weltbildern derer, von denen sie in der Kindheit beeinflusst wurden und ihr Selbstbild ist geprägt von dem Bild, das diese Menschen von ihnen hatten. Dennoch ist der Mensch schöpferisch. Er kann sich sogar schon als Kind entscheiden, über die Welt und über sich selbst anders zu denken als seine Eltern. Und als Jugendlicher und Erwachsener hat er natürlich jederzeit die Möglichkeit, seine alten

Denkweisen und Einstellungen zu revidieren – und dies ist sogar seine eigentliche Aufgabe im Leben.

Dass deine Einstellung zu dir selbst liebevoller sein könnte und dass dein Selbstbild noch begrenzt ist, wird dir von der Welt gespiegelt: Wenn immer du mit lieblosen Mitmenschen und einschränkenden Umständen konfrontiert bist, weisen diese dich auf innere Begrenzungen hin, die es aufzulösen gilt. Es geht darum wahrzunehmen, dass du selbst dich energetisch in derselben Weise blockierst, wie du von anderen blockiert wirst. Wenn du in einer Situation mit dir selbst nicht in Frieden bleiben kannst, hast du dich energetisch in einen niedrigen Austausch verstrickt. Energetisch bist *du* also immer beteiligt.

Mit einer unbegrenzt liebevollen Einstellung zu dir selbst kannst du in jeder Situation mit dir im Frieden bleiben: Du musst kein emotionales Leid und keinen Energieverlust erleben, wenn du etwa auf Kritik, Ablehnung, Ignoranz oder unberechtigte Forderungen anderer stößt. Du musst auch nicht in Selbstzweifel oder Pessimismus versinken, wenn du mit äußeren Umständen konfrontiert bist, die gerade nicht deinen Wünschen und Plänen entsprechen. Du denkst nicht, dass die äußeren Umstände dich daran hindern könnten, dich selbst zu verwirklichen und schöpferisch zu leben. Denn was du anziehst und was du gerade nicht anziehen kannst, hängt von deiner eigenen energetischen Ausstrahlung ab. Durch geistig-emotionale Heilarbeit kannst du deine Ausstrahlung verändern. Du bist nicht das, was andere in dir sehen oder was du aufgrund früherer Erfahrungen über dich zu denken gelernt hast, sondern deine Essenz ist ein unbegrenzt liebevolles, schöpferisches Seelenwesen.

Immer wenn ein Mensch sich dessen bewusst wird und seine innere Einstellung ändert, kann er neue Menschen und Verhältnisse anziehen. Dies gleicht einem Wechsel auf eine höhere Perspektive, einem energetischen Sprung auf ein höheres Energieniveau. Wenn du durch solch einen Einstellungswechsel Blockaden in deinem Energiesystem auflöst, bist du von mehr Lebens- und Liebesenergie erfüllt und diese strahlt durch dich in die Welt. Das bewirkt, dass Menschen, die bestimmte niedrige Energien ausstrahlen mit ihren negativen Einstellungen bei dir keine emotionalen Reaktionen mehr auslösen. Du ziehst nun eher liebevoll eingestellte Menschen an, da zu ihnen eine stärkere Resonanz besteht. Dementsprechend verändern sich deine Erfahrungen in der Welt. Es wird leichter, erfreuliche und beglückende Möglichkeiten zu finden – allein durch innere Transformationsarbeit.

Übung: Transformation durch die Kraft des inneren Lichts

Sensible Menschen geraten häufig in Situationen, in denen sie einen plötzlichen Kraftverlust erleiden. Angst und negative Gefühle gehen unmittelbar mit Energieverlust einher, wenn sie nicht ganz bewusst erlebt und dadurch abgebaut werden. Gefühle sind energetische Kräfte, die den Organismus stärken oder schwächen. Liebevolle, glückliche Gefühle deuten darauf hin, dass man mit der inneren Quelle beziehungsweise dem Licht der Seele verbunden ist. Deshalb erfährt man in solchen Momenten auch das eigene Sein als „Lichtwesen".

Angst und unglückliche Gefühle weisen darauf hin, dass man gerade mit einer niedrigen Schwingung und Gedankenform in Kontakt ist und daher das eigene Seelenlicht nicht wahrnimmt. Stattdessen nimmt man ein negatives Selbstbild wahr – ohne zu erkennen, dass dieses falsch ist. In solchen Situationen ist es wichtig, nicht mit dem Bewusstsein aus dem Körper und aus der Wahrnehmung dieser Gefühle zu fliehen, denn dies führt zu Energieverlust und zu noch größerer Trennung von der inneren Lichtquelle. Um den unerfreulichen Zustand aufzulösen, kannst du folgende Übung nutzen:

Definiere das Gefühl möglichst genau und spüre es im Körper. Spüre, wo es im Körper lokalisiert ist und wie es sich dort anfühlt. Wenn du etwa Angst hast, aber noch nicht definieren kannst wovor, kannst du diese „Gefangenschaft im Symptom" mit Hilfe von Sätzen der Selbstliebe auflösen. Diese Sätze helfen dir, auf dein inneres Licht zu fokussieren und dich mit dem wahren Selbst zu verbinden. Auch inmitten von turbulenten Situationen kannst du sie anwenden, indem du sie in Gedanken für dich sprichst.

Beispiele:

„Obwohl ich gerade Dunkelheit spüre, liebe und schätze ich mich so, wie ich jetzt bin."

„Ich spüre mein Herz und ich bleibe im Herzen präsent."

„Ich sehe mich in vollkommender Würdigung meines inneren Lichts, meiner Liebe und meiner Schönheit. Egal ob ich momentan von anderen liebevolle Spiegelung erfahre oder nicht."

Solche Sätze helfen dir, die Verbindung mit der inneren Quelle wiederherzustellen und aufrechtzuerhalten, auch wenn sich das Umfeld gerade lieblos verhält. So wird der dunkle und unklare Zustand im eigenen Inneren gewandelt. Die Gefühle lassen sich genauer definieren und werden verständlich. Du erkennst etwa, dass die diffuse Angst aus einem Gefühl der Nicht-Anerkennung, der Feindseligkeit oder des Unterdrückt-Werdens resultiert. Nun kannst du deine stärkenden Sätze noch genauer formulieren, und sie werden noch wirksamer. Beispiele:

„Obwohl ich gerade Abschätzigkeit fühle, liebe und schätze ich mich für alles, was ich bin."

„Ich spüre meine Liebe und Anerkennung für mich selbst und bleibe im Herzen präsent."

„Ich sehe mich in vollkommener Würdigung meines inneren Lichts, meiner Kunst und meiner kreativen Gaben. Egal ob diese gerade Wertschätzung durch andere erfahren oder nicht."

Die genaue Definition eines dunklen, bedrohlichen Gefühls lässt seine Macht schwinden. Man hört auf, sich mit dem Gefühl zu identifizieren – man identifiziert stattdessen die Ursache des Gefühls. Du *bist* nicht mehr dieses Gefühl, denn du bist nicht mehr mit deiner ganzen Persönlichkeit darin gefangen. Du kannst also ein positives Selbstgefühl, ein Verbunden-Sein mit deiner inneren Quelle schnell wiederherstellen. Aus dieser Position heraus lässt sich das Gefühl lokalisieren, beschreiben, verstehen und auflösen.

Diese Arbeit der Gefühlstransformation vertreibt nicht nur negative Gefühle, sondern bewirkt auch eine stetige Vertiefung deines Identitätsgefühls. Dein wahres Selbst wird immer kraftvoller in deinem Inneren präsent.

Freude und Leichtigkeit

Schöpferische Freude als natürlicher Zustand

Der natürliche Zustand ist geprägt von Freude und Leichtigkeit, denn der Mensch ist ein Schöpferwesen, das seine Kreativität, seine Gaben und Talente bewusst genießt. Ein gewisses Bewusstsein für die eigene Schöpferkraft ist in jedem Menschen vorhanden, auch dann, wenn die Kreativität mehr oder weniger stark blockiert ist und viele Potenziale noch nicht entfaltet sind. Kinder genießen dieses Schöpfer-Sein noch ganz selbstvergessen, sie sprühen vor Freude, während sie ihrer Kreativität freien Lauf lassen. Überall entdecken sie Möglichkeiten, ihre Fähigkeiten und ihre Ideen auszuleben. Sie erlauben sich noch, den schöpferischen Prozess einfach zu genießen und das Ergebnis nicht so wichtig zu nehmen. So ist es ganz leicht, in die unbegrenzte Freude einzutauchen. Diese spielerische Selbstentfaltung wirkt auf das eigene Identitätsgefühl zurück. Wer sich im kreativen Prozess selbst erfährt, erweitert sein Bewusstsein dafür, wer er ist.

Auch im Erwachsenenalter könnte eine solche unbeschwerte Freude Antrieb zur stetigen inneren Entfaltung geben. Auch wenn die Ergebnisse der kreativen Arbeit nun an Bedeutung gewinnen, kann man sich dennoch der Freude im Augenblick hingeben und muss sich nicht vom äußeren Erfolg und den Meinungen anderer abhängig machen.

Denn die Freude kommt von innen und sie ist die Quelle der Kraft. Diese Quelle ist unversiegbar, sie steht permanent zur Verfügung und keine äußere Macht kann sie einem wegnehmen. Jeder Mensch entscheidet selbst, ob er sich in die Freude einstimmen und aus ihr schöpfen will.

Übung: Freudekiller identifizieren

Allerdings erscheint es manchmal so, als sei man durch schwierige Lebensumstände und die daraus resultierenden Gefühle von der Freude getrennt. Gefühle der Schwere, der Schuld und des Gefangen-Seins machen es unmöglich, Freude zu empfinden. Solche Gefühle und die dazugehörigen Gedanken erzeugen einen Teufelskreis der Freudlosigkeit und Machtlosigkeit, wenn sie nicht aufgelöst werden. In niedergedrückten und pessimistischen Zuständen ist man kraftlos und mutlos und kann kaum mehr auf die eigene Kreativität und Gestaltungsmacht zugreifen. Diese negativen Schwingungszustände verbinden den Menschen, der darin gefangen ist, mit Fremdenergien, mit fremden Erwartungen, Machtansprüchen und Ideologien. Sie machen ihn immer mutloser und suggerieren ihm, von der Akzeptanz anderer abhängig zu sein und die Erwartungen derer erfüllen zu müssen, die solche negativen Botschaften aussenden. Gefühle der Schwere und der Schuld sind in den meisten Fällen ein Hinweis auf Fremdenergien, die man unbewusst aufgenommen hat.

Um diese negativen Botschaften, die Freudekiller zu identifizieren, ergründe die Schwingungsfelder, mit denen du in Kontakt bist. Wenn du die Weltbilder und Menschenbilder, die Ansprüche und Wertvorstellungen anderer Menschen klar erkennst, kannst du dich davon distanzieren und musst dich nicht mehr von den negativen Gefühlen anstecken lassen, die viele Menschen verbreiten. Negativ eingestellte Menschen erzeugen zusammen mit ihresgleichen Energiefelder der Schwere, Depression und Ausweglosigkeit. Sie erzeugen niederdrückende mental-emotionale Felder und sie „rauben" anderen Menschen Energie, die sich in diese Felder hineinziehen lassen und dabei emotional herunterziehen lassen, wobei sie Energie verlieren. Wenn du genau beobachtest, wann du deine Freude und Leichtigkeit verlierst, kannst du diese Felder identifizieren. Ergründe, welche Menschen und Institutionen mit deinen Gefühlen von Schwere, Schuld oder Perspektivlosigkeit verbunden sind. Wenn du an einen Menschen, eine Gruppe oder Institution denkst, stelle dir etwa folgende Fragen:

Was will er oder sie von mir? Was will ich selbst?

Habe ich das Gefühl, meine eigenen Ideen und Wünsche nicht verwirklichen zu dürfen? Habe ich das Gefühl, zu klein, zu unbegabt, zu unwichtig oder zu wenig wert zu sein, um meine kreativen Ideen und Interessen zu verfolgen? Fühle ich mich energielos und schwach?

Fühle ich mich deprimiert, schlecht oder schuldig beim Gedanken an diesen Menschen oder diese Institution?

Habe ich das Gefühl, mich nicht freuen zu dürfen, nicht glücklich sein zu können, keinen Spaß haben zu dürfen – und warum? Vermittelt man mir das Gefühl, dass ich kein Recht darauf hätte, mich unbeschwert zu freuen, weil etwas an mir „falsch" wäre, oder weil der andere sich auch nicht mehr freuen kann, oder weil ich mich für seine Freudlosigkeit verantwortlich fühlen soll?

Habe ich beim Gedanken an bestimmte Menschen oder Institutionen das Gefühl, dass meine Einstellung schlecht und verwerflich wäre?

Habe ich das Gefühl, mich mit meiner Einstellung und meinen kreativen Interessen in Gefahr zu begeben? Vermittelt man mir das Gefühl, dass die Welt gefährlich wäre?

Vermittelt man mir das Gefühl, dass meine kreativen Talente, Ideen oder Visionen lächerlich, wertlos, unbrauchbar, unsinnig oder realitätsfremd wären?

Womit habe ich mich schon als Kind einschüchtern und manipulieren lassen – erkenne ich in der aktuellen Situation ein wiederkehrendes vertrautes Muster?

Kann ich mir jetzt bewusst das Recht auf meine natürliche Freude und Leichtigkeit zurückholen?

Wie fühlt es sich an, erfüllt von Freude und Leichtigkeit zu sein und dann an diese Menschen, Gruppen oder Institutionen zu denken? Erkenne ich, dass meine kreative Gestaltungsmacht immer bei mir bleiben wird?

Loslassen bringt Freude und Leichtigkeit zurück

Wenn es dir an Freude fehlt, wenn du die Schwere nicht abschütteln kannst, gilt es etwas loszulassen: diejenigen Einstellungen und Bedürfnisse deiner Persönlichkeit, die dich an die niedrigen Energiefelder binden. Das kann etwa die Vorstellung sein, einen bestimmten Menschen zu brauchen und ohne seine Akzeptanz oder seine Nähe nicht leben zu können. Oder die Vorstellung, an gesellschaftliche Normen des Verhaltens und der Lebensführung gebunden zu sein, weil sonst etwas Schlimmes passieren könnte. Oder der Druck, aus Statusgründen eine bestimmte Karriere weiterverfolgen zu müssen. Oder der Glaube, für das Wohlbefinden eines nahe stehenden Menschen verantwortlich zu sein und ihm das eigene Wohlbefinden opfern zu müssen. Es hat oft mit dem Bedürfnis nach Akzeptanz und Unterstützung zu tun und einem daraus entstehenden Abhängigkeitsgefühl, das sich auf bestimmte Menschen oder Institutionen bezieht oder auf eine gesellschaftliche Gruppe, der man angehört. Diese Menschen, Institutionen und Gruppen werden dadurch scheinbar „überlebenswichtig" und man liefert sich ihren Überzeugungen, Ideologien und Forderungen aus. Auch wenn sie oft gar nicht die Absicht haben, dich zu manipulieren, dich auszubremsen oder zu beherrschen, wirst du von ihnen beeinflusst und ausgebremst. Es ist deine eigene Aufgabe, diese Bindungen loszulassen, um in deine natürliche Kraft und Freude zu kommen.

Gefühle der Freudlosigkeit, Frustration, Schwere oder unspezifischen Schuld kannst du also dazu nutzen, ungesunde Bindungen aller Art zu erkennen und aufzulösen. Verdränge diese Gefühle nicht, und versuche nicht etwa, sie durch künstlich erzeugte Fröhlichkeit und Frische zu besiegen – das kann nicht funktionieren! Die kreative Schöpferkraft im Inneren kann sich nur verwirklichen, wenn angstbedingte Selbstbeschränkungen losgelassen werden. Versuche also nicht, die negativen *Gefühle* loszulassen, sondern erlaube dir, diese Gefühle in vollem Umfang zu spüren, um zu erkennen, was dahintersteckt. So stößt du auf *Glaubensvorstellungen*, die du hinterfragen und somit ändern kannst. Etwa die Vorstellung, von bestimmten Menschen abhängig zu sein oder die Zugehörigkeit zu bestimmten Gruppen oder Institutionen zu brauchen. *Diese Vorstellungen gilt es loszulassen.* Dann kehrt deine Kreativität zurück und mit ihr die Leichtigkeit und Freude. Nun kannst du frei deinen Weg gehen und sehen, welche Menschen, Gruppen und Institutionen damit vereinbar sind und welche nicht. Du kannst dich von allem loslösen, was dir nicht guttut, sobald du es klar identifiziert hast.

Übung: Anhaftungen loslassen

Setze oder lege dich bequem hin und begib dich in einen entspannten, meditativen Zustand.

Erspüre ein Gefühl, das momentan deine Freude und Leichtigkeit verdunkelt. Benenne dieses Gefühl – es könnte beispielsweise Schwere, ein Schuldgefühl, Traurigkeit oder Verlustangst sein.

Identifiziere die Situation, mit der es zusammenhängt. Beschreibe, warum die Situation das belastende Gefühl hervorruft.

Beispiele: „Ich fühle Schwere, weil die Menschen etwas von mir erwarten, was ich nicht erfüllen will." Oder: „Ich spüre ein Schuldgefühl, weil ich die Regeln meiner Gemeinschaft nicht befolge." Oder: „Ich bin traurig, weil meine Freunde sich für meine kreativen Ideen nicht interessieren." Oder: „Ich habe Verlustangst, weil mein Partner mich vielleicht verlässt, wenn ich meine kreativen Träume umsetze."

Die äußere Situation aber ist nicht die unmittelbare Ursache für das Gefühl im Inneren. Die eigentliche Ursache ist ein Persönlichkeits-Bedürfnis, das es loszulassen gilt. Du selbst erzeugst durch solche „Anhaftungen" belastende Gefühle.

Beschreibe nun das einschränkende Bedürfnis als Ursache für dein Gefühl.

Beispiele: „Ich fühle Schwere, weil ich das Bedürfnis habe, den Erwartungen der anderen gerecht zu werden." Oder: „Ich habe Schuldgefühle, weil ich die Regeln meiner Gemeinschaft als Moralvorstellungen verinnerlicht habe und sie befolgen will, obwohl sie mir nicht entsprechen." Oder: „Ich bin traurig weil ich mir Freunde ausgesucht habe, die meine kreativen Ideen nicht verstehen, und weil ich mir dennoch von diesen Freunden Interesse an meinen Ideen wünsche." Oder: „Ich habe Verlustangst, weil mein Partner meine Ideen ablehnt und weil ich mich nicht damit abfinden könnte, wenn er mich verlassen würde – denn ich habe das Bedürfnis, den Halt nicht zu verlieren, den er mir gibt."

Betrachte diese stresserzeugenden Bedürfnisse, ohne sie negativ zu bewerten, und erkenne ihre Existenz an. Du kannst Anhaftungen nicht auflösen, indem du sie ignorierst – aber du kannst in einem Zustand der Selbstliebe über sie reflektieren und sie entkräften. Finde Gründe für deine einschränkenden Persönlichkeits-Bedürfnisse, und finde dann Gründe dafür, dir eine neue, optimistische Sichtweise anzueignen. So machst du dir Ängste bewusst und entkräftest sie durch eine innere Erweiterung. Lass dir dafür viel Zeit, um gründlich mit negativen Glaubensvorstellungen aufzuräumen. Folgende kurze Beispiele geben dies nur andeutungsweise wieder:

Beispiel Schwere: „Ich habe das Bedürfnis, den Erwartungen anderer so gut wie möglich gerecht zu werden – denn sonst wird man mich ablehnen, nicht mit mir arbeiten wollen, mich nicht ernst nehmen, mich übergehen oder mich ausschließen und mir wichtige Möglichkeiten verbauen. Es könnte aber auch anders laufen: Ich könnte zu meinen eigenen seelischen Werten und Bedürfnisse offenherzig stehen und so die Sympathie einer Minderheit gewinnen, die ebenso denkt und fühlt wie ich. Mit diesen Gleichgesinnten könnte ich mich dann zusammentun und mit ihnen zusammen etwas Neues erschaffen und glücklich werden."

Beispiel Schuldgefühle: „Ich habe das Bedürfnis, die Regeln meiner Gemeinschaft zu befolgen, weil ich sonst vielleicht ausgeschlossen werde und dann keinen anderen Ort finde, der mit Halt und Geborgenheit und ein Zusammengehörigkeitsgefühl gibt. Es gibt aber auch Gründe die dafür sprechen, dass ich eine Gemeinschaft finden könnte, die wirklich zu mir passt und die nicht von kleinkarierten Moralaposteln beherrscht wird. Denn wenn ich frei entsprechend meiner inneren Wahrheit lebe, schadet dies niemandem, eher im Gegenteil!"

Beispiel Traurigkeit: „Ich habe das Bedürfnis, mich weiterhin mit meinen momentanen Freunden zu treffen, die nicht wirklich zu mir passen – weil ich sonst allein wäre und das Leben noch trauriger fände als jetzt. Ich fürchte, ich würde mich von den Menschen isolieren und entfremden. Es könnte aber auch besser werden: Wenn ich nur noch wenig Zeit mit diesen alten Bekannten verbringen würde, hätte ich Freiraum für neue Aktivitäten, bei denen ich interessante neue Menschen kennenlernen könnte. Ich könnte etwa Kurse und Veranstaltungen im Bereich meiner besonderen Interessen besuchen. Das würde sowohl meine Kreativität beflügeln als auch neue Begegnungen bringen."

Beispiel Verlustangst: „Ich will meinen derzeitigen Partner nicht verlieren, weil ich dann vielleicht in eine Depression fallen würde. Ich kann mir nach so langer Zeit das Leben ohne ihn nicht mehr vorstellen. Es gibt aber auch Gründe für die Annahme, dass ich mich auf eine höhere Ebene von Lebenskraft und Mut begeben würde, wenn ich meinen eigenen Weg voller Freude gehen würde – mit oder ohne ihn. Vielleicht würde er seine Einstellung ändern und wir könnten in Zukunft eine glücklichere und freiere Beziehung miteinander führen."

Nach diesen Betrachtungen kannst du dich leichter von deinen alten Einstellungen lösen und damit etwas loslassen, was dich bisher gelähmt hat. Um deine neue Sichtweise zu stärken und zu verankern, kannst du nun kraftgebende Sätze nutzen. Diese Sätze machen dir bewusst, dass du selbst über dein Wohlbefinden bestimmst. Solange du selbst Liebe, Anerkennung und Wertschätzung für dich empfindest – solange du selbst deine Einmaligkeit und deinen kreativen Weg würdigst – kann kein anderer dich mit seiner negativen Einstellung herunterziehen. Niemand kann dir etwas entziehen, was du selbst dir freimütig gibst.

Beispiele für Kraftsätze:

Ich gebe mir selbst volle Anerkennung und Wertschätzung."

„Ich liebe und achte mich voll und ganz, egal ob andere mich ablehnen oder verurteilen."

„Ich lebe mein Recht auf Freiheit und Frieden, auch wenn andere meine Rechte einschränken wollen."

„Ich folge meinem Herzensweg und liebe mich selbst voll und ganz, auch wenn ich nicht weiß, was passieren wird."

„Ich glaube an mich selbst und liebe mich, egal was passiert."

Wenn du einen für dich wirksamen Satz gefunden hast, schreibe ihn auf und erinnere dich an ihn mehrmals täglich – so lange wie du spürst, dass dir der Satz hilft.

Die Welt als Gestaltungsraum

Auch wenn die *innere* Weiterentwicklung das eigentliche Ziel der menschlichen Evolution ist, ist aktives Handeln ein Teil dieses Weges. Betrachte die Welt und deine Erfahrungen also sowohl als Spiegel, als auch als Gestaltungsraum. Wenn du erkannt hast, dass du bestimmte Seelen-Bedürfnisse hast und dass du dich liebevoller behandeln könntest, verharre nicht passiv in einer Situation, die es nun zu ändern gilt. Tu, was du tun kannst, um deiner inneren Wahrheit gerecht zu werden, und suche nicht nach Ausreden, die dich in der Opferperspektive halten. Gerechtigkeit steht dir zu – aber du musst auch selbst aktiv für deine Rechte eintreten. Finde dich nicht mit Umständen ab, die du sehr wohl ändern kannst, weil tatsächlich du selbst die Macht über deine Energie und deine Lebensgestaltung hast.

Wenn du dich von gewissen Menschen abhängig fühlst, die dich zu blockieren scheinen, denke darüber nach, ob nicht eher diese Leute sich von *dir* abhängig fühlen – und dich deshalb manipulieren wollen. Trenne dich von solchen Leuten, und vertraue darauf, dass du dich selbst und andere gerecht behandeln kannst. Somit kannst du auch Verhältnisse und Beziehungen anziehen, in denen du gerecht behandelt wirst. Du musst dazu nicht die Welt verändern, sondern lediglich deine eigene Angst davor überwinden, ungesunde Verhältnisse zu beenden. Solange man sich von seiner Angst beherrschen lässt, wird man auch von Leuten beherrscht, die diese Angst ausnutzen. Wahre Selbstliebe löst die Angst auf – schrittweise, indem sie es immer wieder erlaubt, Ängste bewusstzumachen und sie dadurch zu „schmelzen". Indem du dir erlaubst, ganz menschlich zu sein und kein Übermensch sein zu müssen, erschaffst du den inneren Frieden, den du brauchst, um dich stark zu fühlen. Stark bist du nicht deshalb, weil du keine Schwächen hast (denn so jemanden gibt es nicht!) sondern deshalb, weil du den Mut aufbringst, dich selbst und deine Mitmenschen auch in schwierigen Situationen achtsam zu behandeln.

Negative Erlebnisse verstehen und sich nicht mehr sabotieren lassen

Blockaden, die die kreative Entfaltung einschränken, wirken einerseits im eigenen Inneren und andererseits im Umfeld. Meist werden die Blockaden im eigenen Inneren nicht wahrgenommen, solange nicht entsprechende Blockaden im Umfeld diese triggern und sie plötzlich spürbar machen. Man macht etwa die Erfahrung, massiv kritisiert zu werden, ausgebremst oder unterdrückt zu werden oder mit subtilen negativen Botschaften regelrecht gelähmt zu werden. Auffällig dabei ist, dass die negative Energie, die mit diesen Angriffen verbunden ist, durch nichts rechtfertigt oder logisch begründet ist. Dennoch hat man nicht das Gefühl, dass man diese Provokationen an sich abprallen lassen oder sogar darüber lachen könnte. Eher fühlt man sich in solchen Situationen hilflos, verletzt oder deprimiert – gerade weil es keine Möglichkeit gibt, die Kritik oder Ablehnung auf vernünftige Weise zu entkräften.

In solchen Situationen geht es auch nicht um Vernunft, Logik und Selbsthinterfragung. Es geht nur darum, die Dynamik von Täter-Opfer-Spielen zu durchschauen und sich durch Selbstliebe davon zu befreien. Destruktivität gibt es überall und auf irgendeine Weise in jedem Menschen. Sie entsteht etwa dann, wenn jemand alten Schmerz verdrängt und die daraus resultierende Wut an anderen auslässt, um sich Erleichterung zu verschaffen. Oder wenn jemand seinen durch innere Blockaden bedingten Energiemangel auszugleichen versucht, indem er andere unter Druck setzt, damit sie ihm Aufmerksamkeit und somit Energie spenden. Zudem entsteht Destruktivität, wenn jemand seine eigene Angst unterdrückt und Erleichterung durch Beherrschung seiner Mitmenschen sucht. Er handelt nicht absichtlich boshaft, sondern er glaubt, das einzige Gegenmittel gegen seine innere Not wäre die Macht, andere zu kontrollieren. Er bemüht sich also, offen oder subtil andere aus dem Gleichgewicht zu bringen und zu ängstigen.

Oft beruht destruktives Verhalten auf Verlustangst oder auf der Angst, Neues zulassen zu müssen, was zunächst verunsichernd wäre. Jede äußere Vorstellung von Sicherheit bewirkt Destruktivität. Die meisten Menschen hängen ihr Gefühl von Sicherheit an bestimmte Umstände in der Außenwelt, anstatt nach Sicherheit im eigenen Inneren zu suchen. So entsteht zwangsläufig destruktives Verhalten, das sich entweder gegen andere oder vorrangig gegen die eigene innere Wahrheit richtet.

Für Kreative ist es wichtig, solche Ängste und die Ursachen der Destruktivität zu durchschauen. Denn Kreativität wird immer Reaktionen im Umfeld auslösen. Sogar die bloße energetische Ausstrahlung eines Kreativen reicht oft aus, bestimmte Menschen zu verunsichern. Sie greifen ihn dann vielleicht grundlos an, um ihr inneres Unwohlsein zu bekämpfen. Also suchen sie nach Kritikpunkten und möglichen Angriffsflächen, ohne bewusst darüber nachzudenken. In solchen Situationen hilft es, die Qualität der Energie im Austausch zu erkennen. Konstruktive Kritik hat eine liebevolle, aufbauende Qualität, während destruktive Kritik kein echtes Kommunikationsangebot darstellt. Sie dient nur dazu, den Kritisierten zu schwächen und eventuell zu manipulieren. Eigentlich sind diese Energiequalitäten deutlich spürbar verschieden. Du kannst den Unterschied leicht wahrnehmen, wenn du mit deinem Körper und deinen Gefühlen verbunden bist. Nur wenn du nicht richtig im

Körper bist und dich einseitig auf der Verstandesebene aufhältst, um dich mit dem Inhalt der Kritik auseinanderzusetzen, entgeht dir die eigentliche Absicht hinter der Kritik.

Absichten klar zu erkennen ist nötig, um sich innerlich zu schützen. Du musst nichts Besonderes tun, sondern lediglich in deiner eigenen Klarheit ruhen, um geschützt zu sein. Klarheit besteht natürlicherweise im Zustand der Selbstliebe, im Zustand des Einsseins mit der eigenen Energie. Manchmal erscheint es jedoch äußerst schwer, klar zu sehen. Unverarbeitete Erlebnisse aus der Vergangenheit erzeugen blinde Flecken und so die Tendenz, in Täter-Opfer-Verstrickungen zu geraten. So entsteht beispielsweise die emotionale Reaktion, sich gegen Angreifer zu verteidigen und dadurch erst recht auf diese niedrige Energie einzusteigen.

Besser ist es, emotionale Reaktionsmuster nicht auszuleben, sondern sie rechtzeitig wahrzunehmen und sie mit Hilfe der Selbstliebe loszulassen. Eine bewusste Konzentration auf das Fühlen des Herzraums und auf einen befreienden Satz kann helfen – etwa: „Obwohl ich gerade Kritik erlebe, schätze und liebe ich mich voll und ganz." Dadurch wird der negative Energiekontakt getrennt und es kommt ab sofort keine verletzende Energie mehr bei dir an.

Steige also so früh wie möglich aus dem Drama aus und mach dir bewusst, dass es niemanden gibt, der dich wirklich verletzen kann – außer dir selbst.

Nutze solche Begegnungen mit destruktiv eingestellten Leuten, um eine höhere Ebene der Selbstliebe in deinem Inneren zu aktivieren. Dadurch stellst du etwas richtig, was schon lange hätte richtiggestellt werden sollen. Du klärst dich von den alten Blockaden und blinden Flecken in deinem Energiesystem, indem du diese durch Selbstliebe auflöst. Mit jeder Blockade, die sich auflöst, verschwindet ein Angriffspunkt aus deiner Aura. Ganz selbstverständlich verschwinden damit auch bestimmte Begegnungen mit destruktiv eingestellten Leuten aus deinem Leben. Also brauchst du dich generell nicht im Außen um diese Leute zu kümmern und kannst alle Bemühungen loslassen, sie zu bekämpfen oder umzustimmen. Stimme stattdessen dich selbst neu ein! Auf eine immer umfassendere und großzügigere Liebe im Umgang mit dir selbst. Denn die Beziehung zu dir selbst ist die wichtigste Beziehung in deinem Leben. Du kannst andere nicht mehr lieben als dich selbst – und du kannst von anderen nicht mehr Liebe bekommen als diese sich selbst zu geben imstande sind. Je stärker deine Selbstliebe wird, umso liebevollere Menschen kannst du anziehen.

III. KREATIVE ENTFALTUNG ALS FORTLAUFENDER PROZESS

Die höchsten Möglichkeiten visualisieren

Um die Möglichkeiten für kreative Verwirklichung anzuziehen, die deinen inneren Möglichkeiten entsprechen, brauchst du für letztere ein klares Bewusstsein. Blockaden trüben das Bewusstsein für die eigenen Potenziale und überlagern es mit zahlreichen Ängsten, diese Potenziale wären vielleicht nicht gut genug oder ihre Verwirklichung wäre gefährlich. Daraus erwachsen Selbstbeschränkungen, die dich daran hindern, Möglichkeiten zur Verwirklichung deiner größten Potenziale in der Welt wahrzunehmen oder auch nur zu visualisieren. Doch diese Möglichkeiten müssen klar in deiner Vorstellung visualisiert beziehungsweise gefühlt werden, ehe sie sich in der Realität des Lebens manifestieren.

Übung: Hemmende Ängste erkennen und ausräumen

Willst du deine höchsten Möglichkeiten ausschöpfen, schau ob du in deiner Imagination dazu imstande bist. Male dir eine solche Situation in deiner Vorstellung aus: An welcher Stelle beginnt es, sich unklar oder unrealistisch anzufühlen? Hast du an dieser Stelle den Eindruck, dass sich etwas Unerwünschtes ereignen könnte? Dass sich also ein Umstand oder ein Mensch gewissermaßen gegen dich wenden könnte? Diese Angstvorstellungen kannst du abbauen, wenn du sie dir bewusstmachst. In deiner Vorstellung erkundest du, welche emotionalen Risiken du damit verbindest, dein höchstes Potenzial zu verwirklichen.

Wenn du eine solche Herausforderung in deiner Vorstellung meistern kannst, erlangst du das Selbstvertrauen, ihr auch in der Realität zu begegnen und kompetent damit umzugehen. Visualisiere und erfühle in deinem Inneren sämtliche Herausforderungen, die du dir ausdenken kannst, und finde dafür geeignete Lösungen. Visualisiere also nicht nur dein Ideal, die schönste und beste Verwirklichung deines inneren Potenzials. Dieses Ideal kannst du nämlich wahrscheinlich erst dann voll und ganz in dir spüren und imaginieren, wenn du Blockaden ausgeräumt hast, die mit der Angst vor möglichen Herausforderungen zu tun haben.

Ein Beispiel: Wenn du dir vorstellst, eine neuartige und ungewöhnliche Kunstdarbietung vor Publikum zu geben, stell dir nicht nur vor, wie begeistert und glücklich alle darauf reagieren – es sei denn, dies fühlt sich für dich vollkommen realistisch, selbstverständlich und leicht visualisierbar an. Falls es sich irgendwie unrealistisch oder unwahrscheinlich oder fragwürdig und angstbesetzt anfühlt, setze dich auch mit möglichen auftauchenden Herausforderungen in deiner Imagination auseinander. Schau, welche möglichen Schwierigkeiten in deiner Vorstellung auftauchen. Etwa das Bild, dass ein Teil des Publikums kritisch oder ablehnend reagiert oder sogar den Raum verlässt. Diese Reaktion kann dich aus dem Gleichgewicht bringen, wenn du sie persönlich nimmst. Mit viel Selbstliebe und voller Präsenz im Augenblick ist es aber möglich, auch in solchen Situationen in deiner Kraft zu bleiben. In deiner Imagination kannst du dies jetzt üben.

Wenn du dich intensiv in die Situation hineinversetzt und den Zustand der Selbstliebe aufrechterhalten kannst, erweiterst du dich innerlich und löst Hemmnisse und Blockaden auf. Sind diese Ängste schließlich bereinigt, kann die kreative Energie besser durch die fließen und du ziehst wahrscheinlich derartige Herausforderungen in der Realität gar nicht mehr an. Deine Resonanz verändert sich, und du kommst der Verwirklichung deiner höchsten Möglichkeiten näher. Du erkennst dies daran, dass sich deine Idealvorstellung jetzt bereits in der Imagination leicht und klar und deutlich herstellen lässt. Dabei stellst du dir nicht nur die Situation in ihren äußerlich sichtbaren Vorgängen vor, sondern nimmst primär die subjektiven, energetischen Vorgänge wahr. Du nimmst etwa wahr, welche Gefühle deine Kunstdarbietung in dir selbst und in den anwesenden Menschen auslösen wird. Du nimmst wahr, wie sich ein neuer Energiezustand und neue Gedanken und Sichtweisen ausbreiten. Das ist das innere oder essenzielle Anliegen deiner Kunst. Wenn du es dir in deiner Vorstellung genau bewusstmachst, kannst du es auch umsetzen.

Ein weiteres Beispiel: Vielleicht hast du den Traum, zusammen mit anderen Kreativen ein neuartiges Projekt auf die Beine zu stellen, das den Wandel der Gesellschaft unterstützt – wofür es noch nichts Vergleichbares gibt. Du stellst dir vor, welche Bedürfnisse dieses Projekt erfüllt, wozu es dient und warum es die Menschen glücklicher macht. Du stellst dir auch vor, wie du die passenden Mitstreiter findest und von deiner Idee begeisterst. Doch dabei bemerkst du, dass sich dies in deiner Imagination nicht leicht und erfreulich anfühlt, sondern anstrengend und unangenehm. Du hast das Gefühl, dass niemand sich dafür interessieren würde, an diesem Projekt mitzuwirken. Du ergründest diese Herausforderung genauer:

Es fühlt sich beängstigend und niederdrückend für dich an, wenn niemand an deine Idee glaubt – denn das würde auch bedeuten, dass niemand an *dich* glaubt. Das wiederum hätte zur Folge, dass du selbst nicht mehr an dich glauben könntest und alle Energie verlieren würdest, weiter an deiner Idee oder an ähnlichen Projektideen zu arbeiten. Hier zeigt sich eine Blockade, denn diese innere Haltung schränkt schon im Vorfeld deine Begeisterung und deinen Energiefluss ein, weil du die Ablehnung anderer fürchtest. Solange du diese Befürchtung ausstrahlst, werden andere sie unbewusst aufnehmen und oft allein deshalb pessimistisch auf deine Ideen reagieren.

Um diesen Kreislauf zu durchbrechen, änderst du deine Einstellung zu dir selbst und deine Ausstrahlung in der imaginierten Situation: Du stellst dir vor, dass du dich selbst liebst und an dich glaubst, unabhängig davon, wie andere dich und deine Ideen einschätzen. Du machst den grundlegenden Glauben an dich selbst auch nicht davon abhängig, ob ein spezielles Projekt gelingt oder scheitert. Stattdessen bist du offen dafür, auf einer sachlichen Ebene Schwachpunkte deiner Idee mit Interessenten zu diskutieren, auf Verbesserungsvorschläge einzugehen und die Projektidee immer besser auszuarbeiten. Dabei bleibst du jedoch deinem ursprünglichen Ziel und deinem Seelentraum immer treu. In deiner Vorstellung unterscheidest du, ob andere dein Projekt nur deshalb kritisieren, weil sie generell Angst vor dem Neuen haben, oder ob sie sich ehrliche Gedanken machen. So lässt du ich nicht von den Ängsten anderer herunterziehen und nimmst ihre Reaktionen nicht länger persönlich. Nach mehreren Sitzungen bist du fähig, entspannt mit den Einwänden anderer umzugehen – nicht nur in der Imagination, sondern auch im realen Leben.

Dadurch erlangst du eine optimistische, überzeugende Ausstrahlung und ziehst bald auch geeignete Projektpartner an.

Noch ein weiteres Beispiel: Du hast eine seltene Begabung in dir entdeckt und hast den Traum, sie zu deinem zukünftigen Beruf zu machen. Dafür möchtest du deinen aktuellen Lebensstil aufgeben, möchtest einige spezielle Seminare besuchen und dich danach selbständig machen. Du kannst dir deine zukünftige Arbeit genau vorstellen und weißt, dass sie dich glücklich machen würde, denn du bist ja bereits jetzt in geringem Ausmaß auf diese Weise tätig, wenn sich Gelegenheiten dazu ergeben. In deiner Vorstellung fühlt sich dieser Weg dennoch realitätsfern und beängstigend an, so als hättest du dies nicht verdient, oder als wärst du dann irgendwie „verloren". Du kannst dir deshalb auch nicht vorstellen, all die nötigen Veränderungen in deinem Leben zuversichtlich und mutig anzugehen. Du erkundest, welchen unangenehmen Herausforderungen du dabei begegnen könntest. Nacheinander zeigen sich verschiedene Situationen, die du als mögliche Hürden empfindest, und für die du nun Lösungen findest:

Dein Freundeskreis würde sich verändern, denn einige aus dem Bekanntenkreis könnten wohl innerlich nicht „mitgehen" und würden sich von dir abwenden. Dabei erkennst du, dass die betreffenden Leute ohnehin schon lange nicht mehr zu dir passen, was du bisher aber nicht wahrhaben wolltest. Du stellst dir vor, wie du deinen Energiefluss ab jetzt nicht mehr einschränkst, um dich mit solchen unpassenden Umfeldern zu arrangieren. Du willst keine Akzeptanz mehr bei Leuten suchen, die dich nicht wirklich wertschätzen können für das, was du bist. Durch diese innere Befreiung wirst du neue Freunde anziehen, die wirklich zu dir passen.

Weiterhin zeigt sich, dass deine Familie wohl nicht einverstanden wäre, wenn du jetzt weniger Zeit für sie hättest und gewissen Verpflichtungen nicht mehr nachkommen würdest, die du dir bisher aufgebürdet hast, ohne sie zu hinterfragen. Dabei wird dir bewusst, dass du genauso viel Respekt, Liebe und Unterstützung für deine kreative Entfaltung verdienst wie die anderen Mitglieder deiner Familie auch. Bisher jedoch hast du dich von den anderen oft ausnutzen lassen, so dass eine ungesunde Schieflage im Geben und Nehmen entstanden ist. Du erkennst, dass du nicht länger Bestätigung und Akzeptanz bei deiner Familie suchen willst, sondern dir selbst all die Liebe und Wertschätzung geben kannst, die du brauchst, um dich in eine glücklichere und freiere Zukunft zu bewegen.

Als weitere Hürde taucht eine Angst davor auf, dich mit deinem ungewöhnlichen Angebot öffentlich sichtbar zeigen zu müssen. Du ergründest diese Angst und bemerkst, dass du fürchtest, dich gegenüber der „Konkurrenz" nicht behaupten zu können oder im Vergleich zu ihr nicht gut genug zu sein. Zudem hast du auch Angst, von vielen Menschen im Umfeld als komischer Kauz angesehen zu werden, weil du so etwas Ungewöhnliches machst. Durch bewusstes Reflektieren lassen sich diese Ängste schließlich weitgehend abbauen: Wenn du dir vorstellst, dass du nur für diejenigen Menschen arbeitest und nur zu denjenigen Kontakt suchst, die dein Angebot brauchen und schätzen, kann dir egal sein, was die anderen von deiner Arbeit halten. Das wiederum gibt dir den Mut, deine ganze Einzigartigkeit und Kreativität in deine Arbeit einzubringen – was wiederum Konkurrenzängste überflüssig macht, weil dein Angebot absolut einzigartig ist.

Auf Visionssuche gehen

Vielleicht geht es dir aber oft so, dass dir gar nicht bewusst ist, worin dein höchstes Potenzial liegt. Du weißt nicht ob das, was du dir wünschst, wirklich deine höchsten Möglichkeiten darstellt. Du stellst dir also bestimmte Aufgaben vor – oder hast dir bereits Aufgaben gesucht – die dir letztendlich nicht die Freude und Erfüllung bringen, die du dir ersehnst. Erforsche, warum du deine Träume begrenzt. Unbegrenztes Visualisieren ist wichtig, um dich innerlich auf glückliche Wachstumsmöglichkeiten einzustimmen. Das Leben erzeugt ständig Herausforderungen, denn die innere Entwicklung hört nie auf.

Wenn du dir Aufgaben suchst, die dein größtes Potenzial zum Vorschein bringen, kannst du an diesen Aufgaben auf beglückende Weise wachsen. Dies sind Aufgaben, die nicht nur deinen Talenten, sondern auch der größten Sehnsucht deines Herzens gerecht werden. Wenn du darauf verzichtest, diese Sehnsucht zu spüren, etwa weil dir der objektiv sichtbare Erfolg deiner Arbeit wichtiger ist, wird dich diese Arbeit nicht wirklich glücklich machen. Es ist sehr wahrscheinlich, dass du dann allerlei unangenehme Wachstumsherausforderungen anziehst, die dir die Freude verderben. Das ist ein Zeichen dafür, dass du deine höchsten Möglichkeiten noch nicht ausschöpfst. Geh dann auf „Visionssuche", bis sich dir eine neue Idee offenbart.

Die richtige Idee erfüllt dich im Herzen mit großer Vorfreude und Leichtigkeit. Vielleicht mit einem „hüpfenden" Gefühl, das sich mit der Betrachtung von perlendem Champagner assoziieren lässt. Wenn du beim Gedanken an ein mögliches Projekt keine Leichtigkeit oder keine Freude spürst, ist dieses Projekt nicht glückverheißend. Viele Menschen visualisieren lieber ein weniger anspruchsvolles Projekt als das, was ihren höchsten Möglichkeiten entsprechen würde. Manche glauben, es sei zu verwegen oder gar egoistisch, ihre Herzensträume verwirklichen zu wollen. Vielleicht suggeriert ihnen ihr gesellschaftliches Umfeld, dass sie damit wahrscheinlich scheitern oder eine große Enttäuschung erleben würden. Vielleicht haben sie auch neidische und missgünstige Kleingeister in ihrem Umfeld, die ihnen den Erfolg mit einem echten Herzensprojekt nicht gönnen wollen.

Finde heraus, warum du eventuell deine größten Herzenswünsche sabotierst. Deinen höchsten Anspruch verwirklichen zu wollen heißt nicht, in materieller Hinsicht anspruchsvoll zu sein oder süchtig nach Ruhm und Ehre zu sein. Im Gegenteil: Es bedeutet, dass du dem höchsten Anspruch auf der Seelenebene gerecht wirst und dafür andere Ansprüche, die aus der Persönlichkeitsebene kommen, nicht so wichtig nimmst. Es ist dir also weniger wichtig, wenn auch nicht gleichgültig, ob du etwa gut bezahlt wirst und Anerkennung erntest. Denn diese Faktoren sind nicht essenziell. Das essenzielle Glücksgefühl beim Umsetzen eines Projekts wird aus einer anderen, einer inneren Quelle gespeist. Wenn du dich darauf konzentrierst, kannst du es von den Freuden und Annehmlichkeiten der Persönlichkeiten unterscheiden.

Wer der Herzensfreude den Vorrang gibt, ist niemals egoistisch. Stell dir den Austausch mit deiner Umwelt auf der höchsten Schwingungsebene vor. Phantasiere ungehemmt darüber, was dir die intensivsten Glücksgefühle einbringen würde. Und was du dir aus tiefstem Herzen wünschst, in die Welt zu bringen. Es gibt wahrscheinlich eine Vielzahl möglicher Formen und Projekte, durch die sich diese essenziellen Wünsche verwirklichen lassen. Es geht also nicht darum, die einzige jetzt richtige Aufgabe für dich zu finden. Sondern es kommt darauf an, eine Aufgabe zu finden, die momentan deinen höchsten Seelenpotenzialen und Herzenswünschen gerecht wird. So kannst du immer wieder die passenden Aufgaben finden, und dich kreativ mit deinem ganzen Sein zu verwirklichen.

Wenn du deine höchsten Möglichkeiten im Augenblick ausschöpfst, kommt die Motivation und Freude dabei aus deinem tiefsten Inneren. Das setzt viel Kraft frei und beflügelt dich so, dass du Hindernisse, die natürlich hin und wieder auftauchen, leicht überwinden kannst. Es verbindet dich auch so stark mit deiner Klarheit und Selbstliebe, dass du Situationen gut einschätzen kannst, Energieverschwendung meiden kannst und dich auf die jeweils bestmögliche Weise einbringen kannst. Die Gefahr des Scheiterns wird dadurch stark reduziert, und vor allem wird sie von dir nicht mehr mit übermäßiger Bedeutung aufgeladen. Du ziehst deine Freude nicht aus den Ergebnissen deiner Projekte, sondern aus jedem einzelnen Augenblick, in dem du dich engagierst und die kreative Energie fließen lässt, was die Welt und dich selbst inspiriert.

Gescheiterte Projekte in einem neuen Licht gesehen

Wann ist ein Projekt gescheitert? Und was bedeutet das? Welche Schlüsse sollte man daraus ziehen? Leider gibt es im kollektiven menschlichen Denken eine starke Verurteilung des „Scheiterns". Anstatt ihm einen ganz gewöhnlichen Platz auf dem Weg der Selbstfindung einzuräumen, wird das Scheitern – sei es das Scheitern von Beziehungen oder von Projekten – zur Tragödie aufgebauscht. Aber liegt nicht der Sinn des menschlichen Lebens gerade darin, an Erfahrungen verschiedener Art zu reifen und immer wieder neue, höhere Ebenen zu betreten? Viele erfolgreiche und berühmte Unternehmerpersönlichkeiten sind mehr als einmal im Verlauf ihrer Entwicklung mit einem Unternehmen gescheitert. Viele bekannte Künstler haben lange Zeit keine Beachtung gefunden, ehe ihnen der Durchbruch gelang, vielleicht mit einer besonders originellen Idee oder mit einer anderen Kunstform, die sie nun für sich entdeckten. Bedeutet dies, dass die anfänglichen Projekte, die nicht zum gewünschten Erfolg geführt haben, wertlos waren und reine Zeitverschwendung?

Hier stellt sich wieder die Frage, woran der Wert eines bestimmten Energieeinsatzes gemessen werden sollte. Etwa am materiellen Erfolg, oder an der Anzahl begeisterter Fans? Je länger man sich mit dieser Frage beschäftigt, umso deutlicher wird, dass es keine objektiven Kriterien für den Wert eines menschlichen Energieeinsatzes geben kann. Weder eine Beziehung noch ein Projekt kann nach einem äußerlich definierten Ergebnis bewertet werden. Der wahre Wert ist der Mehrwert im Sinne einer inneren Bereicherung und inneren Erweiterung für alle Beteiligten, der sich im Lauf des Geschehens eingestellt hat – durch den dabei erlebten energetischen Austausch.

Betrachte einmal in Ruhe deine bisherigen Projekte, die „gescheiterten" ebenso wie die „erfolgreichen", unter diesem Gesichtspunkt. Dann wirst du dich von kollektiven Bewertungskriterien distanzieren und ihre Sinnlosigkeit erkennen. Womöglich wirst du nun sogar manch ein gescheitertes Projekt als wertvoller einstufen als deine erfolgreichen Projekte. Es ist verunsichernd, den Wert des eigenen Tuns ganz allein am inneren Mehrwert festmachen zu müssen. Die Menschen suchen gerne etwas „Handfestes" im Außen, um daran abzulesen, ob sie sich auf dem richtigen Weg befinden. Ein großer Teil der Menschheit ist dadurch in blinden Materialismus verfallen. Die materialistische Ideologie wird mit Macht an jeden herangetragen, der neue Ideen in der Welt verwirklichen will. So kann alles Neue, was nicht von Anfang an Gewinn verspricht, diskreditiert werden. Visionären wird Egoismus oder Dummheit vorgeworfen, weil ihre Ideen nicht „markttauglich" sind. Gleichzeitig klagen immer mehr Menschen in dieser sinnentfremdeten Welt, dass ihre

Lebensverhältnisse nicht mehr erfreulich seien. Es ist erstaunlich, welche Auswüchse diese Entfremdung annehmen kann – sowohl in individuellen Lebensläufen als auch kollektiv – ehe ein Umdenken einsetzt.

Um die Angst vor dem Scheitern abzubauen, mach dir eine neue Orientierung verfügbar, die dir jederzeit in deinem Inneren aufzeigt, ob du gerade auf dem richtigen Weg bist. Ergründe in deinem Inneren, ob dein aktuelles Projekt dich momentan erfüllt und bereichert. Hilft dir dieses Projekt, innerlich zu wachsen und mehr in deine Kraft und in deine Ganzheit zu kommen? Bringt es auch anderen Menschen Freude, Wachstum und Erfüllung? – Davon ist auszugehen, wenn es dich selbst erfüllt und innerlich erweitert.

Mach dich unabhängig von der Vorstellung, ein bestimmtes Ergebnis erreichen zu müssen. Denn das, was es eigentlich zu erreichen gilt, findet ja bereits im Prozess permanent statt. Telepathisch sind alle Menschen jederzeit miteinander verbunden, weshalb die inneren Erkenntnisse und Entwicklungsfortschritte des Einzelnen in das gemeinsame Feld eingespeist werden, aus dem wiederum alle schöpfen können. Wenn du dich selbst heilst oder wenn du etwas Neues lernst, was essenziell für dein Glück ist, profitieren automatisch auch alle anderen davon, für die deine Erkenntnisse gerade relevant sind. Und wenn du etwas erfindest oder eine Idee hast, die du selbst nicht umsetzen kannst, wird vielleicht jemand anders diese Idee „aufschnappen" und sie verwirklichen. Insofern ist alles wertvoll, was sich im kreativen Prozess ereignet, selbst wenn es ein rein geistiger Prozess ist, der sich nie in einer Aktion, einem Buch oder einem Unternehmen niederschlägt.

Dennoch ist es wahrscheinlich für deine kreative Verwirklichung bedeutsam, dass deine Arbeit auch in der Welt sichtbar Früchte trägt. Um an diesen Punkt zu gelangen, brauchst du wahrscheinlich ein mehr oder weniger großes Ausmaß an Geduld und Ausdauer. Um mit Ausdauer etwas aufzubauen, was einer gewissen Reifungszeit bedarf, ist wieder die Orientierung am inneren Sinnempfinden wichtig. Folgende Fragen können bei der Einschätzung einer Projektidee helfen: Ist diese Idee *das, wofür es sich für mich zu leben lohnt* – entspricht sie meinem höchsten Potenzial? Habe ich dabei das Gefühl, „voll und ganz bei mir angekommen zu sein" und gleichzeitig etwas Aufregendes, Spannendes zu erleben?

Wenn eine Idee deinem essenziellen Herzensanliegen beziehungsweise deiner Bestimmung gerecht wird, fühlst du dich darin ganz zuhause, ganz bei dir selbst angekommen. Du weißt, dass du über alle nötigen Fähigkeiten und Talente verfügst. Auch wenn es eine komplexe Aufgabe ist, ist sie dir so vertraut, dass sie sich für dich leicht anfühlt. Gleichzeitig bist du aufgeregt vor Vorfreude, weil dieses Projekt eine Möglichkeit bietet, Neues zu lernen, dich innerlich auszudehnen und über dich hinauszuwachsen.

Meditation: Selbstsabotage auflösen

Wenn man eine Blockade hat, die man bewusst nicht wahrnimmt, führt dies zu Selbstsabotage. Der blockierte innere Anteil hat seine eigene Logik; er glaubt, dass etwas Schlimmes passieren könnte, was er verhindern muss. Meist steht er unter dem Einfluss negativer Energien beziehungsweise Botschaften aus dem kollektiven Feld. Diese Blockade kann sich etwa als Lähmungsgefühl oder als diffuse Angst bemerkbar machen, oder sie hindert dich einfach daran, gute Ideen zu entwickeln und Schritte in Richtung Freiheit und kreative Verwirklichung zu tun.

Folgende Meditation kannst du nutzen, um einen blockierten Anteil ausfindig zu machen und soweit möglich wieder zu integrieren:

Suche dir einen ungestörten Ort, und setze oder lege dich bequem hin. Denke an etwas, was du dir wünschst, was dich innerlich glücklich und zufrieden machen würde.

Nun konzentriere dich auf dieses unmittelbare innere Glücksgefühl – stell dir vor, dass es sich vollkommen in deinem Körper ausbreitet.

Gleichzeitig stell dir vor, dass sich dein Wunsch erfüllt hat. Nimmst du Zweifel oder eine Art von Widerstand wahr? Dann lokalisiere den Ort deiner Zweifel oder des Widerstands in deinem Körper: Wo im Körper will das Glücksgefühl nicht spürbar werden? Wo ist der Sitz der Angst, Bedrückung oder Ungläubigkeit?

Reise nun mit deinem Bewusstsein in diesen Teil deines Energiekörpers. Kontaktiere deinen blockierten inneren Anteil: Nimm ein Bild wahr, das die Blockade symbolisiert. Schau, was mit diesem Teil von dir los ist und warum er sich in so einer misslichen Lage befindet. Sprich mit ihm und lass ihn alles erzählen, was ihn einschränkt und was er befürchtet. Versichere ihm, dass du ihn wertschätzt und annimmst und dass du eine nachhaltige Lösung für sein Problem suchen willst.

So lassen sich im Lichte der bewussten, liebevollen Betrachtung seine Ängste entwirren und auflösen. Finde im geduldigen Gespräch mit ihm eine Lösung, der er vertraut und die ihn erleichtert. Frage ihn, was er braucht, damit er sich jetzt wieder mit dir verbinden und sich befreit fühlen kann. Nun weißt du, wie du auch in Zukunft für sein Wohlbefinden sorgen kannst. Wenn dieser Anteil befreit und glücklich ist, fließt seine Kraft und Freude dir zu.

Verweile in diesem Zustand, und lade deinen Körper mit Energie und Wohlbefinden auf, solange es dir guttut.

Später kannst du die Meditation wiederholen und sehen, ob es noch weitere Blockaden gibt, die im Zusammenhang mit diesem Wunsch auftauchen.

Auftrittsangst und Lampenfieber

Viele Menschen fühlen sich durch Auftrittsangst beziehungsweise Lampenfieber beeinträchtigt. Ein geringes Ausmaß an Lampenfieber kann jedoch sehr anregend wirken und Künstlern dabei helfen, in einen Zustand von großer Präsenz und Wachheit zu gelangen. Deshalb ist es nicht nötig, komplette Angstfreiheit anzustreben. Eine gewisse Aufregung macht einen Künstler menschlich und dadurch umso anziehender für das Publikum. Wer seine Aufregung zulässt und zu ihr steht, wirkt in diesem Moment natürlich und liebevoll, und die lebendige Energie kann fließen. Nur wer versucht, Angst und Aufregung zu unterdrücken und sich nichts davon anmerken zu lassen, trennt sich dadurch energetisch von seinem Inneren und so auch von den Menschen, und das lässt ihn langweilig oder unsympathisch erscheinen. Die eigentliche Beeinträchtigung liegt also nicht in der Aufregung selbst, sondern im Umgang mit ihr.

Stell dir vor einem wichtigen Gespräch oder einem Auftritt vor, dass deine Aufregung ruhig sichtbar werden darf und dass sie dich sogar sympathisch macht, weil sie dem Partner oder dem

Publikum zeigt, wie wichtig dir diese Begegnung ist. Auch wenn du Angst hast, vielleicht nicht gut genug zu sein oder nicht gut anzukommen, ist das völlig menschlich. Jeder Mensch kennt ja solche Ängste. Deshalb wird auch jeder Mensch, der grundsätzlich liebevoll eingestellt ist, Verständnis dafür haben. Natürlich gibt es auch gehässige Leute, aber diese brauchen dich nicht zu interessieren: Sie sind nicht wichtig für dich, da du selbst ein liebevoller Mensch bist und liebevolle Gesellschaft verdienst. Mit dieser Einstellung werden sich Auftrittsängste auf ein gut verträgliches Maß reduzieren lassen.

Es sei denn, es steckt noch etwas dahinter, was einer genaueren Betrachtung bedarf: Angst kann ein gesunder Hinweis auf eine Fehleinschätzung der Situation sein – etwa ein Hinweis darauf, dass man ungenügend vorbereitet ist oder dass man sich im falschen Umfeld engagiert. Vielleicht ist der Zeitpunkt nicht günstig gewählt oder das Thema oder die Aufgabe passt nicht wirklich zu dir. Gründe dafür sind allerlei Fehlvorstellungen beziehungsweise Glaubensvorstellungen darüber, wer du sein müsstest oder was du leisten müsstest oder welche Wege du beschreiten müsstest, um zum Erfolg zu gelangen. Um diese Vorstellungen auszuräumen hilft ein „Herzabgleich": Während du an die Situation und deine Angst vor ihr denkst, spüre in dein Herz. Begib dich nun ganz in dein Herz hinein, werde eins mit ihm, während es sich ausdehnt und immer weiter wird. Welche Antworten kommen spontan aus deinem Herzen?

Das Herz weiß, was wirklich für dich richtig ist. Es kann dir alles erklären und ein tieferes Verständnis der Situation ermöglichen. Vertraue darauf, und du wirst erhellende Antworten bekommen. Wenn du Klarheit darüber hast, was du wirklich willst, wird sich das in deinem ganzen Körper gut und stimmig anfühlen. Nun kannst du mit Leichtigkeit deine ursprüngliche Idee fallenlassen oder sie vielleicht auch so modifizieren, dass etwas Passendes für dich herauskommt.

Darüber hinaus ist zu bedenken, dass übermäßiges Lampenfieber oft auf unverarbeitete traumatische Gefühle zurückgeht und auf negative Einstellungen und Selbstbilder, die daraus entstanden sind. Dann fühlt sich die Angst intensiv und irrational an, und sie lässt sich nicht leicht ausräumen. Doch auch diese Angst kann schrittweise abgebaut werden, indem du emotionale Heilarbeit mit vorsichtiger Annäherung an die beängstigende Situation kombinierst. Du brauchst dich nicht zurückziehen und nicht auf die Verwirklichung deiner kreativen Visionen verzichten, dich aber auch nicht emotional überfordern.

Ergründe das Thema genauer und schau, in welchen Zusammenhängen diese Angst in deinem Leben auftaucht. Es gibt diverse Situationen, vielleicht auch kleine alltägliche Begebenheiten, in denen diese Angst getriggert wird. Diese kannst du als Ausgangspunkte für innere Reisen in deine Vergangenheit nehmen, wobei du dich in einen liebevollen Zustand der Selbstannahme begibst und dich fragst: „Woran erinnert mich diese Situation? Wann habe ich diese Angst und diese Gefühle bereits früher erlebt? So kannst du abgespaltene Gefühle und Energien wieder integrieren. Gefühle brauchen nicht analysiert zu werden, um zu heilen, sie müssen nur vollständig gefühlt werden. Bei Bedarf kannst du dir von verständnisvollen Freunden oder Therapeuten helfen lassen.

Hast du Gefühle aus früheren Erlebnissen verarbeitet und integriert, wirst du dich automatisch sicherer fühlen und dich selbst besser spüren können. Deshalb ist auch dein Selbstbild nicht mehr so angreifbar, denn du bist stärker mit deinem wahren Selbst verbunden. Die äußeren Situationen und die Verhaltensweisen anderer Menschen bringen dich nicht mehr so schnell aus dem Gleichgewicht.

Wenn du deine Seelenenergie und somit deine Identität ganz unmittelbar spüren kannst, bist du nicht mehr mit deinem Selbstbild beschäftigt, musst dieses auch nicht mehr verteidigen und hast auch nicht mehr das Bedürfnis, dich selbst irgendwie darzustellen. Dieses Einssein mit dir selbst ist die beste Voraussetzung für einen entspannten Auftritt. Hast du keine Angst vor den negativen Bildern, die andere auf dich projizieren könnten, kommen solche negative Energien anderer auch gar nicht bei dir an. Dann kannst du es dir erlauben, provokativ aufzutreten und die Kritik der Leute herauszufordern, wenn das für dein Anliegen nötig ist. Du fühlst dich nicht mehr vom Wohlwollen, von der Zustimmung oder von der Anerkennung anderer abhängig. So kannst du spielerisch mit der Wirkung umgehen, die du bei deinen Zuhörern hervorrufst. Du kannst dich ganz mit dem Augenblick verbinden, weil du deine ganze Aufmerksamkeit auf dein kreatives Anliegen lenken kannst, anstatt dich mit Ängsten beschäftigen zu müssen. So steht dir ein Maximum an Kreativität und Inspiration zur Verfügung. Manche Künstler und wirken auf eine unerklärliche Weise magisch, anziehend und genial. Das liegt aber weniger an ihrer Begabung als an dem bemerkenswert hohen Ausmaß an innerer Freiheit und Klarheit, das sie erlangt haben.

Wenn du deine Ängste abbauen willst, um immer mehr in dein authentisches, befreites Selbst zu kommen, kannst du die Übung „Hemmende Ängste erkennen und ausräumen" nutzen. Stell dir vor, was im schlimmsten Fall passieren könnte und mit welcher inneren Einstellung du auch diese Situation bewältigen könntest. Unterscheide, ob eine Angstvorstellung wirklich mit *Tatsachen* zu tun hat, die möglicherweise eintreten könnten, oder ob nicht vielmehr deine eigene *Bedeutungszuschreibung* – also deine Interpretation möglicher Ereignisse – Angst verursacht. Auftrittsängste haben meist mit irrationalen Bedeutungszuschreibungen zu tun: Angst vor Kritik, Angst vor Bloßstellung, Angst vor Ablehnung, Angst vor Gesichtsverlust und Blamage entstehen, wenn bestimmte Ereignisse, die möglicherweise eintreten könnten, mit bestimmten Bedeutungen aufgeladen werden. Diese Bedeutungen gilt es zu hinterfragen. Wenn beispielsweise viele Leute innerhalb einer Gesellschaft Angst vor Blamage und Gesichtsverlust haben, erscheint die Vorstellung, man könnte sein Gesicht verlieren, plausibel. Trotzdem ist es nichts als eine irrationale Glaubensvorstellung. Schon viele medienbekannte Menschen sind als Lügner entlarvt worden oder für ihre kriminellen Machenschaften verurteilt worden. Trotzdem ist das Leben für sie weitergegangen. Wie sollte dann ein Künstler, nur weil er einen Fehler macht, weil er sich ungeschickt benimmt oder weil seine Darbietung von vielen nicht verstanden wird, „sein Gesicht verlieren"?

Ergründe deine Angstvorstellungen und entkräfte sie. Indem du dich entscheidest, dich selbst zu lieben und für dich einzustehen, was immer auch passieren wird, befreist du dich von unsinnigen Negativ-Denk-Spiralen und Selbstbeschränkungen. Entscheide dich auch, andere Menschen für ihre Kreativität und ihren künstlerischen Mut zu lieben, zu schätzen und anzuerkennen. Wenn du andere ermutigen kannst und dich an ihrem Erfolg freuen kannst, wirst du auch selbst Förderung und Ermutigung annehmen können. Negative Schwingungen wie Neid und Missgunst interessieren dich nicht mehr und kommen auch nicht mehr bei dir an. Du selbst kannst wählen, in welchem Schwingungsbereich du dich aufhalten willst.

Meditation: Das wahre Selbst stärken

Folgende Meditation kann dir helfen, das wahre Selbst deutlicher zu spüren und es stärker in Körper und Psyche zu verankern:

Suche dir einen ungestörten Ort und setze oder lege dich bequem hin.

Sage dir: „Ich bin Licht und Liebe" – und spüre dabei in deinen Körper hinein. Wie fühlt sich das im Herzen, im Bauch und an anderen Stellen im Körper an?

Denke an nichts anderes als daran, dich selbst als Licht und Liebe wahrzunehmen. Wahrscheinlich meldet sich bald ein Widerspruch, beziehungsweise ein Teil deines Körpers fühlt sich nicht nach Licht und Liebe an. Denn obgleich das wahre Selbst tatsächlich aus reinem Licht und reiner Liebe besteht, ist die menschliche Erfahrung oft vom verzerrten Selbst und deshalb von Leid geprägt. Mit dieser Meditation kannst du im Energiekörper blockierte Stellen aufspüren. Du kannst dort Licht hinfließen lassen und Blockaden wegschmelzen, so dass die Energie wieder freier fließen kann.

Nimm also jetzt eine Stelle im Energiekörper wahr, die sich gerade nicht mit dem Satz „Ich bin Licht und Liebe" im Einklang fühlt. Wie fühlt es sich dort an? Vielleicht kalt, dunkel, verworren oder irgendwie leer? – Während du dies erkundest, atme hinein und spüre dabei, wie du lockerer wirst und dich ausdehnst. Während du tiefer atmest, spüre, wie Licht und Liebe zu diesem Teil deines Körpers fließen, bis er ganz davon erfüllt wird. Dabei hast du vielleicht das Gefühl, dass etwas in diesem Bereich zu schmelzen beginnt und von einer neuen, beglückenden Energie erfüllt wird.

Verweile bei dieser Wahrnehmung, bis sich die beglückende Energie ganz in dir ausgebreitet hat. Es ist die Energie deines wahren Selbst.

Es ist also die Energie deiner reinen Seelenqualitäten. Wenn diese durch dich fließen können, hast du ein tief geborgenes und zugleich erhebendes Gefühl, und dieses Gefühl verbreitest du dann auch in der Welt.

Blockierende Verhaltensmuster bewusstmachen

Kreativität im zwischenmenschlichen Austausch wird durch vielerlei Verhaltensmuster blockiert, die den Beteiligten nicht bewusst sind. Diese Muster entstehen aus Gewohnheit und dienen dazu, Gefühle der Unsicherheit zu kaschieren oder gar nicht erst aufkommen zu lassen. So kann man Gespräche führen und allen möglichen Aktivitäten nachgehen, ohne sich selbst dabei voll einzubringen. Das erscheint bequem, erzeugt jedoch Langeweile: Langweilige Partys, oberflächliche Gespräche und künstlerische Events ohne mitreißende Energie.

Wenn du dir wirklich kreativen und lebendigen Austausch wünschst, beobachte die Feinheiten in der Kommunikation und den Energiefluss. So kannst du blockierende Verhaltensmuster bei anderen und schließlich auch bei dir selbst erkennen. Dann kannst du bewusst gegensteuern. Wenn du immer wieder auf bestimmte blockierende Muster bei deinen Mitmenschen stößt, hast du selbst wahrscheinlich ein ähnliches Muster, das aber vielleicht subtiler in Erscheinung tritt. Indem du lernst, einen lebendigen und kreativen Energiefluss mit anderen aufzubauen, löst du deine eigenen Muster auf.

Situationen, in denen dein Gesprächspartner den Energiefluss blockiert, können sich sehr frustrierend anfühlen. Wenn du diese Verhaltensweisen auf dich beziehst, leidest du darunter und versuchst womöglich vergeblich dagegen anzukämpfen. Versuche lieber, die Probleme des anderen zu verstehen und dich in ihn hineinzuversetzen. Dann erkennst du vielleicht, wie du ihm aus diesem Muster heraushelfen kannst. Oder du erkennst, dass der andere gerade nicht für Veränderungen offen ist und ziehst dich aus dem Austausch zurück. Ein tieferes Verständnis für die Ursachen von Blockaden erleichtert und befreit den kreativen Fluss.

Hier werden nun einige Muster beschrieben, die es zu durchbrechen gilt:

Verkopftheit

Verkopftheit entsteht, wenn sich die Köpfe von Menschen begegnen, aber nicht die Herzen. Das ist besonders beliebt bei denjenigen, die geistig sehr wendig sind und einen starken Intellekt haben. Sie können etwa stundenlang analysieren oder debattieren, ohne nennenswerte Gefühle dabei zu erleben und zum Ausdruck zu bringen. Menschen mit dieser Tendenz findet man oft in kopflastigen Berufen, in Universitäten und auch in der „intellektuellen" Kunstszene, wo Kunst abstrakte mentale Botschaften vermittelt. Verkopfter Austausch fühlt sich nicht geerdet an, denn die Gedanken „heben ab" und schlagen Kapriolen. Der Körper bleibt relativ unbeteiligt, die Atmung ist verflacht und die ganze Energie befindet sich im Kopf, da Gefühls- und Körperreaktionen von der Aufmerksamkeit abgeschnitten werden. Meist wird dabei viel und schnell geredet. Brillante Denker können so ohne Pause Argumentationsketten und Analysen aneinanderreihen.

Bei der Begegnung mit Menschen im verkopften Zustand fühlst du dich wahrscheinlich mental stark angeregt und steigst dann vielleicht auch auf diese Energie ein, sobald du das Gespräch mit ihnen aufnimmst. Nach einer Weile bemerkst du, dass es dir irgendwie nichts gibt – es fühlt sich nicht nährend an, sondern eher langweilig oder anstrengend. Die mentale Überstimulation bei gleichzeitiger Verweigerung von emotionaler Nähe ist anstrengend. Wenn du den Kontakt mit dem Gesprächspartner aufrechterhalten willst und in den ganzheitlichen, lebendigen Austausch kommen willst, achte auf deinen eigenen Energieeinsatz. Bring deine Energie beziehungsweise die Aufmerksamkeit in den Körper und besonders in dein Herz. Verbinde dich vom Körper aus mit dem anderen. Antworte ihm nicht mit dem Kopf, sondern mit dem Herzen und mit dem ganzen Körper. So kommt der Austausch aller Chakren in Gang. Das macht ein Gespräch belebend und intensiv. Der andere wird aus dem verkopften Zustand herauskommen oder er wird irritiert reagieren. Denn nun muss auch er sich Zeit zum Atmen und Spüren nehmen, um auf dich eingehen zu können. Die dadurch entstehende

Herzensverbindung und Nähe wird er entweder begrüßen, oder er wird sie vermeiden wollen. Er wird also entweder aufblühen, oder das Gespräch kommt ins Stocken und beide verlieren das Interesse.

Das gilt nicht nur für Gespräche, sondern für kreativen Energieaustausch aller Art, etwa auch musikalisches Improvisieren. Verkopfte Musik entsteht, wenn die Beteiligten Musik „aus dem Kopf heraus" machen, und nicht aus dem Herzen und dem Bauch heraus. Nur ganzheitlicher Austausch, der alle Ebenen des Seins berührt, ist wirklich lebendig und so auch berührend, bewegend, heilsam und befreiend.

Verschlafenheit

Das Gegenstück zur Verkopftheit ist die Neigung zur Verschlafenheit im zwischenmenschlichen Austausch. Menschen in diesem Zustand sind in ihrem Körper und besonders in den unteren Chakren anwesend, aber dafür mental kaum aufnahmefähig. Sie wirken eher schläfrig im Gespräch oder wortkarg und es findet keine gegenseitige geistige Anregung statt. Die scheinbare Sicherheit und Stabilität, die sie ausstrahlen, geht auf Kosten der Fähigkeit zu geistiger Erweiterung. Die Kreativität erlahmt unter diesem Einfluss und du fühlst dich bei ihnen schnell lustlos und müde, vielleicht wie eingeschläfert. Ein lebendiges

Gespräch ist in diesem Zustand nicht möglich, denn der Betreffende hört nicht aufmerksam zu und geht nicht wirklich auf das ein, was du sagst. So wird die Auseinandersetzung mit neuen Gedanken und Ideen vermieden und es entsteht dadurch auch emotional wenig Anregung. Nähe kann zwar auf der körperlichen Ebene, aber nicht auf der Gefühlsebene miteinander erlebt werden.

Wenn dein Gesprächspartner oder Projektpartner in dieses Muster fällt, unterbrich die Kommunikation, sobald sie für dich anstrengend wird. Höre auf die Botschaften deiner Gefühle, die dir sagen, dass hier etwas nicht stimmt. Werde selbst innerlich ganz wach – achte auf mentale Klarheit und kristallklare geistig-emotionale Präsenz. Dann bring in Worten zum Ausdruck, was du gerade beobachtest, wie es dir geht und was du fühlst. Dabei kannst du in Ruhe deine eigenen Gefühle beschreiben, brauchst also keine Vorwürfe und keine Ansprüche an den anderen zu richten. Du lädst ihn lediglich ein, sein Kommunikationsverhalten zu ändern. Wenn der andere dich schätzt und echtes Interesse an dir hat, wird das ein inneres „Aufwachen" auslösen. Wenn nicht, zeigt er sich vielleicht ungerührt oder verständnislos. Damit schiebt er dir das „Problem" zu, anstatt sein eigenes Verhalten zu hinterfragen. Dann lohnt es sich nicht, länger im Kontakt mit ihm zu verbleiben, denn dieser Kontakt wäre von erstickender Stagnation geprägt.

Auch wenn du seine geerdete, ruhige und entspannte Art magst – auf längere Sicht kann es nervtötend werden und der Konflikt könnte eskalieren. Kunst braucht Ruhe und Entspannung, aber auch Klarheit, konzentrierte Wachheit und Inspiration. Entwickle all dies in deinem Inneren, und du wirst zunehmend Menschen anziehen, die diesen Zustand mit dir teilen wollen.

Kontrolliertheit

Ein weiteres Muster, das den lebendigen kreativen Austausch blockiert, ist Kontrolliertheit. Im Zustand ungesunder Kontrolliertheit ist ein Mensch nie voll präsent und er lässt keinen spontanen Gefühlsausdruck zu. Er unterdrückt auch Handlungsimpulse und Ideen, anstatt sie bewusst wahrzunehmen. Das gibt ihm ein Gefühl von vermeintlicher Sicherheit, denn wenn er sich selbst gut im Griff hat, glaubt er auch die Situation im Griff zu haben. Tatsächlich aber vermeidet er so den Austausch von Gefühlen, Gedanken und Energien und kann sich nicht lebendig in seinen Mitmenschen spiegeln. Er spielt eine Rolle, die nur eine reduzierte Version seines wahren Selbst präsentiert. Menschen mit dieser Neigung sind oft sehr konventionell und angepasst und versuchen ein gesellschaftlich anerkanntes Ideal zu verkörpern. Sie wirken langweilig und manchmal geradezu identitätslos. Dabei können sie äußerst nett, gesprächig, kompetent und erfolgreich erscheinen. Doch alles bleibt irgendwie substanzlos, auf einer oberflächlichen Ebene. Gespräche mit ihnen fühlen sich nach Small Talk an, und es ist nicht möglich, einen derart kontrollierten Menschen emotional zu berühren oder zu erschüttern. Deshalb ist es auch nicht möglich, in einen Zustand gegenseitiger geistiger Anregung und Erweiterung einzutauchen.

Wenn jemand nur in bestimmten Umfeldern in dieses Muster fällt, weil er sich unsicher und verletzlich fühlt, kann das Muster im lebendigen Kontakt durchbrochen werden. Du kannst den Betreffenden vielleicht „auftauen", indem du ihm deine bedingungslose Akzeptanz anbietest – ihm also nicht kritisch und distanziert begegnest, sondern warmherzig und direkt. Wenn du selbst offen deine Gefühle zeigst und wenn du dir erlaubst, unkonventionell, humorvoll und spontan zu sein, lädst du den anderen ein, es dir gleichzutun. Mach den Anfang damit, die Masken fallenzulassen. Bleib gleichzeitig taktvoll und sensibel und achte auf eine aufbauende, wertschätzende Wortwahl. Fingerspitzengefühl ist wichtig, wenn immer du Kritik oder Änderungsvorschläge anbringst, denn der andere ist womöglich recht empfindlich und fühlt sich schnell abgelehnt. Er braucht es, sich in seinem grundlegenden Sein kontinuierlich angenommen und geschätzt zu fühlen. Unter diesen Bedingungen kann er sich für neue Anregungen öffnen.

Ist er hingegen generell nicht bereit, mit dir einen lebendigen Gefühlsaustausch zuzulassen, sind gemeinsame kreative Projekte nicht zu empfehlen. Er würde sich von der Kreativität bedroht fühlen, denn diese würde seinem Kontrollbedürfnis widersprechen. Das würde wiederum bei dir Beklemmungsgefühle oder auch Bedrohungsgefühle auslösen und deine Einfälle und Visionen ersticken. Ein ganz anderes Gefühl ist es, wenn ein nur zeitweise kontrollierter Typ in einem sicheren Umfeld auftaut: Dann entsteht eine überschwängliche Freude und Fröhlichkeit und oft eine große Offenheit und Gefühlstiefe.

Ablenkungsmanöver

Es gibt eine Reihe von Mustern, die der Ablenkung dienen – Ablenkung von bestimmten Gefühlen, unbequemen Wahrheiten und Erkenntnissen oder auch Gesprächsthemen. Diese Ablenkungsmanöver werden oft automatisch und unbewusst von Menschen genutzt, um die Auseinandersetzung mit verunsichernden psychischen Inhalten zu vermeiden. Manche haben sich ein solches Muster derart angewöhnt, dass es zu einer Verhaltensauffälligkeit geworden ist. So gibt es etwa Leute, die in sozialen Situationen ständig unaufmerksam sind oder sprunghaft Gesprächsthemen wechseln. Sie scheinen nicht imstande zu sein, ein konzentriertes und intensives Gespräch zu führen und dabei ihrem Gegenüber die volle Aufmerksamkeit zu schenken. Andere benutzen eine überzogene Gefühlsdramatik, um ständig viel Raum einzunehmen und dadurch ihre Gesprächspartner nicht nahe an sich heranzulassen. Sie konzentrieren sich nicht darauf, ihre Gefühle im eigenen Inneren wirklich zu spüren, sondern sind ständig damit beschäftigt, Gefühle dramatisch zum Ausdruck zu bringen und andere damit zu überschütten. Dass sie keine echte emotionale Anteilnahme suchen erkennst du daran, dass sie dir nicht zuhören wollen, sich nicht emotional auf dich einlassen wollen und keine Anregungen und Impulse von dir aufnehmen wollen, die zur Auseinandersetzung mit ihren psychischen Konflikten führen könnten.

Ein weiteres Ablenkungsmanöver ist die Belustigung, die manche Menschen an den Tag legen, wenn sie sich psychisch herausgefordert oder verunsichert fühlen. Damit signalisieren sie, dass der Input, der vom Gegenüber kommt, nicht der ernsthaften Auseinandersetzung würdig sei. Sie machen Witze, machen sich über den anderen lustig oder verunsichern ihn mit Ironie und Spott. Manchmal reagieren sie so – scheinbar humorvoll – auch auf gravierende Probleme, mit denen sie konfrontiert werden. Das ruft bei ihren Mitmenschen Erstaunen hervor.

Wenn du derartigen Abwehrmechanismen begegnest, mach dir bewusst, dass diese keine unveränderlichen Charaktermerkmale darstellen.

Die Betreffenden könnten auch anders, wenn sie nur wollten. Deshalb gilt es, sie liebevoll darauf hinzuweisen und ihre anstrengenden Verhaltensweisen nicht kommentarlos zu tolerieren. Erkläre ihnen, dass dich dieses Verhalten irritiert und durcheinanderbringt. Gib ihnen so die Gelegenheit, auf ein authentisches und konzentriertes Zusammensein mit dir einzusteigen. Wenn ihnen etwas an dir liegt und wenn sie für Kreativität und liebevollen Austausch offen sind, werden sie dir zuhören. Nur wenn dieses Verhalten zu einer Masche geworden ist, die sie nicht mehr aufgeben wollen, werden sie deine Anregungen ignorieren. Dann lohnt es sich nicht, länger Zeit mit ihnen zu verschwenden. Stell dir stattdessen genau vor, was du im Zusammensein mit Menschen erleben willst und wie man dabei aufeinander eingeht. Strahle diese Vorstellung aus und halte Ausschau nach Menschen, die die gleichen Wünsche haben wie du.

Meditation: Den Energiefluss beobachten

Damit die Kreativität fließen kann, ist ein freier und lebendiger Energiefluss nötig. Das ist im zwischenmenschlichen Austausch besonders für Hochsensible oft eine Herausforderung. Denn meist sind sie diejenigen, die die Energie der anderen anheben und ins Fließen bringen müssen. Um das zu bewerkstelligen, brauchen sie Bewusstheit. Wer die Feinheiten im energetischen Austausch bewusst wahrnimmt, lässt sich nicht von anderen blockieren oder subtil manipulieren. Stattdessen bleibt er wach und entspannt in seiner eigenen Schwingung. Diese bietet er den anderen an, so dass sie darauf einsteigen können – wenn sie wollen – und sich in diesen Raum der entspannten Offenheit hinein ausdehnen können.

Nutze folgende Meditation, um den Energiefluss zu beobachten – auch während du dich im Austausch mit Menschen befindest:

Stell dir einen fröhlichen, sprudelnden Gebirgsbach vor. Dieses Bild symbolisiert den Zustand frei fließender Lebensenergie und Inspiration.

Wie fühlt sich *dein Energiefluss* gerade an? Ist der Gebirgsbach ein passendes Bild für dein Gefühl?

Lass ein Bild vor deinem inneren Auge entstehen, das deinen aktuellen Energiezustand symbolisiert. Dieses Bild und die Konzentration auf deine Körpergefühle verschafft dir Klarheit. Dir wird schnell klar, ob du dich etwa blockiert, sabotiert oder unter Druck fühlst. Du merkst, ob du dich anstrengst, weil die Energie nicht von selbst und mit Leichtigkeit fließt.

Doch jede Anstrengung ist ungesund. Lass deine Energie frei sprudeln und fließen. Drücke und ziehe nicht. Wenn andere an dir ziehen oder auf dich Druck ausüben wollen, zieh dich in den Zustand reinen Seins und Nicht-Tuns zurück. Unterlasse alles Wollen und jedes emotionale Engagement – oder warte einfach entspannt ab. Das unterbricht ungesunden Energieaustausch und bringt deine Umgebung im wahrsten Sinne des Wortes zur Besinnung.

Wenn dein Umfeld nicht auf freien kreativen Energiefluss einsteigen will, zieh dich nach Möglichkeit ganz aus diesem Umfeld zurück. Wenn du lernst, entspannt zu bleiben und ungesunde Energien loszulassen, wirst du die passenden Menschen für ein lebendiges und liebevolles Miteinander anziehen. Auf diesem Lernweg hilft dir die Übung, permanent den Energiefluss zu beobachten und zu visualisieren. So wird deine Aufmerksamkeit nicht mehr von Gesprächsinhalten und äußeren Gegebenheiten absorbiert. Das Wesentliche sind nicht die Worte, die ausgetauscht werden, sondern die Energien.

Männliche und weibliche Formen von Kreativität

Jeder Mensch verfügt über männliche und weibliche Energien und auch über männliche und weibliche Formen von Kreativität. Die Seele ist weder männlich noch weiblich, sondern beides. Männer haben jedoch meist deutlich mehr männliche Energie und Kreativität, und Frauen mehr weibliche. Gelegentlich ist es aber auch umgekehrt, und dann hat ein Mann besonders viel weibliche Kreativität oder eine Frau besonders viel männliche. Jeder Mensch ist einzigartig und seine Anlagen passen genau zu seiner Lebensaufgabe.

Damit verschiedene Menschen kreativ zusammenwirken können und verschiedene Formen von Kreativität einander ergänzen, sollten Männer und Frauen zusammenarbeiten und gemeinsame Ideen entwickeln und umsetzen. So entstehen ausgewogene und ganzheitliche Konzepte, die tragfähiger sind als einseitig männliche oder einseitig weibliche Ansätze. Dies ist eine spezielle Herausforderung für die Zukunft der Menschheit, denn die Vergangenheit ist von einseitigen Konzepten geprägt. Männer fühlten sich meist sicherer im Kreis von Männern und Frauen blieben im Kreis von Frauen, wenn es darum ging, gemeinsam an kreativen Ideen zu arbeiten und etwas Neues in die Welt zu bringen. Denn im gleichgeschlechtlichen Umfeld herrscht eine ähnliche Art des Denkens und Planens, während die andersartige Herangehensweise des anderen Geschlechts oft irritierend wirkt.

Doch weder das Patriarchat noch das Matriarchat kann eine glückliche Gesellschaft hervorbringen. Beide Geschlechter werden in allen Bereichen gebraucht. So ist beispielsweise die Kindererziehung keine rein weibliche Angelegenheit, denn Kinder brauchen sowohl männliche als auch weibliche Bezugspersonen und Vorbilder, von denen sie lernen können. Naturwissenschaft und Technik wiederum sind keine rein männliche Domäne, denn sonst entstehen einseitig lineare Konzepte, die der Lebendigkeit des Lebens nicht gerecht werden. Die Technik entwickelt sich dann auf eine ungesunde Weise, die das Wohlbefinden der Menschen einschränkt, anstatt ihnen das Leben zu erleichtern. Da Frauen stärker auf Nachhaltigkeit und Männer stärker auf Erneuerung ausgerichtet sind, müssen beide zusammenwirken, damit neue technische Erfindungen und Möglichkeiten auf eine Weise genutzt werden, die der Gesellschaft dient und alle menschlichen Bedürfnisse berücksichtigt. Auch das Wirtschaftsleben sollte von Männern und Frauen gleichermaßen gestaltet werden, denn die bekannten Auswüchse der konkurrenz- und wachstumsbasierten Wirtschaft sind auf unreife männliche Ideale zurückzuführen. Nicht nur die Frauen selbst, sondern auch die typisch weiblichen Werte und Betrachtungsweisen müssen wieder in alle Bereiche des gesellschaftlichen Lebens Einzug halten. Es nützt nichts, wenn Frauen in einer von einseitig männlichen Werten und Konzepten geprägten Kultur sich diesen ungesunden Prioritäten unterwerfen, um sich anzupassen und damit ihre Erfolgschancen zu erhöhen. Warum ein ausgewogenes Verhältnis beider Seiten wichtig ist wird bei der Betrachtung ihrer jeweiligen typischen Stärken und Schwächen deutlich:

Die männliche Kreativität verfügt vor allem über folgende Potenziale:

- Effektive Strategien entwickeln und Pläne machen, um Ideen in der Welt zu verwirklichen

- Erfindungen machen, um das praktische Leben zu erleichtern

- Analytisches Denken, Unterschiede formulieren und klare Ziele setzen und vertreten

- Strukturen und Systeme erarbeiten, um etwa ein Unternehmen, eine Bildungseinrichtung oder einen Staat aufzubauen und zu organisieren

- Initiative und Entschlussfreudigkeit, um Veränderungen in Gang zu bringen und Neues zu ermöglichen

Die unreife männliche Kreativität ist besonders anfällig für folgende Schwächen:

- Sich verrennen und in Aktionismus verfallen, um Ziele zu erreichen – ohne den Sinngehalt dieser Ziele zu hinterfragen

- Schwarz-Weiß-Denken, spaltende statt integrierende Ansätze; Kampf *gegen* etwas oder gegen Feinde, statt Einsatz *für* etwas beziehungsweise für integrierende Sichtweisen

- Den Blick für das Ganze und die Anbindung an die Intuition und Herzensweisheit verlieren

- Starre Strukturen und Regeln, die keine lebendige Weiterentwicklung von Systemen ermöglichen und die den Bedürfnissen und Potenzialen jedes Einzelnen nicht gerecht werden

- Fortschritt um jeden Preis; Vernachlässigung des ganzheitlichen Wohlbefindens und rücksichtslose Durchsetzung eigener Interessen

Die weibliche Kreativität verfügt vor allem über folgende Potenziale:

- Durch Innenschau und Inspiration höhere Wahrheiten erfassen und die richtigen Prioritäten erkennen

- Ganzheitliches Denken und die Fähigkeit, intuitiv Zusammenhänge wahrzunehmen

- Einfühlungsvermögen und Kommunikationsfähigkeit; das Zusammenspiel unterschiedlicher Menschen in Einklang bringen und die Bedürfnisse aller berücksichtigen

- Flexibilität und intuitives Vorgehen, um im kreativen Chaos zu genialen Einfällen und Lösungen zu gelangen

- Geduld und Kritikfähigkeit; in Ruhe alles ausdiskutieren, was es zu beachten gilt, ehe ein Vorhaben umgesetzt wird

Die unreife weibliche Kreativität ist besonders anfällig für folgende Schwächen:

- Flucht in Traumwelten oder in Illusionen, um sich der Realität nicht stellen zu müssen; Unfähigkeit, Erkenntnisse durch aktives Handeln umzusetzen

- Unstrukturiertes und Verworrenes Denken; Wankelmut und Gleichmacherei beziehungsweise „Einheitsbrei", statt Weiterentwicklung zu einer höheren Ebene anzustreben

- Selbstmitleidige Launenhaftigkeit sowie mangelnde Geradlinigkeit und mangelnde Verlässlichkeit bei Entscheidungen aufgrund von Konfliktscheu und fehlender Verantwortungsbereitschaft

- Inkonsequenz, Willkür und chaotische Verhältnisse

- Blockadehaltung, Lethargie, endlose fruchtlose Diskussionen; Probleme aussitzen, anstatt sie zu lösen

Wenn du deine weibliche und deine männliche Seite verbindest und mehr und mehr in Harmonie bringst, wirst du in deinem Inneren „runder". Du fällst dann nicht mehr in den negativen Pol der einen oder anderen Seite, sondern kannst bei Bedarf den inneren Mann oder die innere Frau aktivieren, um für jede Situation passende Ausdrucksmöglichkeiten zu finden.

Hochkreative Menschen verbinden die männlichen und weiblichen Formen der Kreativität, so dass sie zugleich systematisch und intuitiv denken können. Sie können sowohl Inspiration empfangen als auch ihre Visionen umsetzen. Unter Künstlern gibt es viele Männer und Frauen, die nicht die Klischees der Geschlechterrollen erfüllen und die der Gesellschaft neue Möglichkeiten des Mann-Seins oder Frau-Seins aufzeigen. Sie können sich auch gut in das jeweils andere Geschlecht einfühlen und mit ihm zusammenarbeiten. Das Bewusstmachen der Tatsache, dass jede Seele sowohl männlich als auch weiblich ist, hilft beim Überwinden einschränkender GeschlechterIdentifikationen. Wenn du dich nicht mit gesellschaftlich verbreiteten Rollenbildern identifizierst, kannst du viel leichter auf dein ganzes Potenzial zugreifen.

Das Leben als Reise zu innerer Ganzheit

Wenn innere Ganzheit das Ziel der menschlichen Lebensreise ist, ist die Kreativität eine Möglichkeit, sich der Ganzheit anzunähern. Sie ist ein bewusster Weg, der der Freude folgt. Dieser Weg beruht auf der Entscheidung, sich nicht von der Angst lähmen zu lassen, sondern die eigenen Potenziale zu entdecken und auszuschöpfen. Dabei tauchen einerseits immer neue Ängste und Selbstzweifel auf, andererseits lebt ein schöpferischer Mensch auf einer höheren Oktave, also mit mehr Licht, Freude und Leichtigkeit als ein Mensch, der sich den scheinbaren äußeren Zwängen seiner gesellschaftlichen Existenz unterwirft: Die vermeintliche Sicherheit, der die Entfaltung des wahren Selbst geopfert wird, erweist sich als Illusion. Da die Evolution immer zur Weiterentwicklung und zur Ganzheit hinstrebt, wird ein Mensch, der Sicherheit in starren Verhältnissen, Rollen und Verhaltensmustern sucht, automatisch leiden. Ein bewusster lebender Mensch mag zwar Leid emotional stärker empfinden, bleibt aber nicht im Leid stecken, sondern kann sich immer wieder wandeln und innerlich erweitern.

Wer seine Kreativität nutzt, um seine größte seelische Sehnsucht zu verwirklichen, erfährt durch diesen kreativen Prozess automatisch eine innere Weiterentwicklung. Es ergibt sich sozusagen nebenbei, dass er reifer und „runder" wird und seine unterschiedlichen Seelenqualitäten immer umfassender zum Ausdruck bringt. Für diesen Weg ist es wichtig, sich nicht ablenken zu lassen – von äußeren Erfolgszielen, von Mehrheitsmeinungen und von scheinbar einfachen und bequemen Möglichkeiten, die aber ein Steckenbleiben der Kreativität bedeuten würden. Nur wer immer wieder auf die Stimme der Sehnsucht hört, wer sich immer wieder von neuem seinen Herzensvisionen öffnet und dafür Risiken eingeht, bleibt auf Kurs. So entfaltet sich die kreative Lebensaufgabe schrittweise und nimmt immer umfassender Gestalt an. Was gestern eine bedeutsame Herausforderung war, kann heute schon langweilig sein. Selbst wenn es äußerlich gesehen Erfolg verspricht, ist es aus seelischer Sicht überholt. Die Seele braucht immer die angemessenen Herausforderungen, um sich daran zu entwickeln.

Kunst und Kreativität können beglückende Wachstumsmöglichkeiten bieten, wenn jemand sich ganz von der seelischen Sehnsucht leiten lässt. Dann wird diese Sehnsucht auch erfüllt, und zwar immer wieder aufs Neue und immer tiefer und umfangreicher. Diese innere Erfüllung beinhaltet stets die Freude daran, einzigartige Talente ausleben zu können. Aber sie beinhaltet noch mehr: die tiefe Zufriedenheit darüber, einen einzigartigen Beitrag zur Veränderung, Verschönerung oder Heilung der Welt zu leisten, der in dieser Form unersetzbar ist. Jeder Mensch trägt nämlich ein Potenzial in sich, das nur er selbst entfalten kann, und das nur ihm in dieser Form gegeben ist.

Wer wirklich seinen höchsten Möglichkeiten folgt – wer stets die höchste Ebene der Selbstverwirklichung anstrebt – für den gibt es keine Konkurrenz. Denn er nimmt seinen Platz ein, den außer ihm kein anderer Mensch einnehmen könnte. Die verschiedenen Anlagen und Talente, Interessen und Seelenziele in ihrem Zusammenwirken führen ihn vielleicht zu einem Beruf, den zwar auch viele andere Menschen ausüben, aber kein anderer für dieselbe Zielgruppe oder niemand auf eine solche Art und Weise. Und morgen führen sie ihn vielleicht schon zu einem neuen Beruf, der dieselben Inhalte und Themen noch origineller in die Welt bringt. So ist er jederzeit angekommen auf seinem Platz und bleibt doch gleichzeitig immer auf der Suche. Es ist aber keine qualvolle Suche, sondern eine spannende Forschungsreise. Nur wer vom Weg abkommt, wer seine Einzigartigkeit nicht schöpferisch lebt – egal ob in seinem Beruf oder in der Familie oder einem anderen Engagement – kann in qualvollen Zuständen stecken bleiben. Für ihn wird die Sehnsucht leidvoll, weil es keine Aussicht auf Erfüllung gibt. Doch die menschliche Evolution kennt keinen Stillstand, und auch er bewegt sich weiter in Richtung innere Ganzheit, jedoch auf unerfreulichen und anstrengenden Umwegen.

Der bewusste „Weg des Künstlers" ist allerdings auch nicht immer nur leicht und beglückend. Viele hochkreative Menschen haben auf der Seelenebene beschlossen, einen Beitrag zur Evolution ihrer Gesellschaft zu leisten, der von dieser Gesellschaft zunächst nicht willkommen geheißen und honoriert wird. Sie haben auf der Seelenebene eine Bereitschaft und ein Interesse daran, mit Ablehnung, Anfeindung und Benachteiligung bewusst umgehen lernen zu wollen. An solchen Herausforderungen können die Kreativität, die Liebe und letztlich das Bewusstsein der eigenen Identität als unbegrenztes Seelenwesen enorm wachsen und auf höhere Ebenen gelangen.

Doch niemand sollte deshalb glauben, er müsste sich absichtlich in widrige Umstände begeben. Es geht nur darum, *sich nicht mehr von der Angst vor widrigen Umständen abhalten zu lassen, den eigenen Herzensweg zu gehen.* Das Herz verlangt nie, gegen andere zu kämpfen oder sich aufzuopfern. Es verlangt lediglich, auch äußere Nachteile in Kauf zu nehmen, um der eigenen Wahrheit und höheren Zielen zu dienen. So ist es möglich, Veränderungen anzuregen und Menschen für Neues zu gewinnen. Je mehr ein Kreativer sich der inneren Ganzheit annähert, umso unerschrockener und flexibler kann er mit auftauchenden widrigen Umständen und mit negativ eingestellten Leuten umgehen. Er fühlt sich nicht mehr permanent auf positive Resonanz angewiesen, sondern kann zeitweilig gut drauf verzichten – um schließlich umso größere positive Resonanz zu erleben: immer dann, wenn seine Wirkungsabsicht sich erfüllt.

Monika Mahr

Bewusstseinsforscherin, Meditationsleiterin, Autorin

www.monika-mahr.de

http://www.xing.com/profile/Monika_Mahr

monimahr@gmx.de

Neu: Vorträge und Meditationen auf Youtube

Folgende Bücher könnten Sie ebenfalls interessieren:

(als eBooks und auch als Taschenbücher im Handel erhältlich)

Kraft für den eigenen Weg. Meditationen, Phantasiereisen und Übungen. Bewusstseinserweiterung durch Licht-Arbeit und kreatives Channeln

Sensitive und kreative Menschen haben meist schon eine starke Verbindung zu ihrer Seele und zur geistigen Welt; mit Hilfe der Meditationen und Übungen in diesem Buch können sie diese vertiefen und bewusster nutzen. (Als Taschenbuch bei epubli: ISBN 978-3737510202)

Heimkehr zum wahren Sein. Energiearbeit, Phantasiereisen und kreative Meditation

Künstler und Kreative haben meist eine reichhaltige Phantasie, ein hohes Konzentrationsvermögen und eine natürliche Begabung für Energiearbeit. In der Meditation können sie ihr ausgeprägtes Vorstellungsvermögen einsetzen, um sich von

Blockaden zu befreien, Inspirationen zu empfangen und neue Möglichkeiten des eigenen Seins zu entdecken. (Als Taschenbuch bei epubli: ISBN 978-3741859403)

Tarot für kreative Projekte. Psychologisches Tarot für kreative Selbstfindung

Dieses tiefgründige psychologische Tarot-Buch hilft Künstlern und Kreativen, ihre Entfaltungsmöglichkeiten besser wahrzunehmen. Das Buch begleitet sowohl die Umsetzung von kreativen Visionen als auch die innere Reise in die Ganzheit, in die Klarheit des Bewusstseins. Es kann in Verbindung mit verschiedenen Tarot-Decks verwendet werden; die Karten oder Abbildungen davon sind nicht enthalten. (Als Taschenbuch bei epubli: ISBN 978-3741859472)

Erlöse deine Angst. Archetypische Ängste und ihre Lebensthemen verstehen.

Hinter unseren vielfältigen Ängsten stehen sieben archetypische Ängste, die jeweils mit bestimmten Lebensthemen verbunden sind. Diese lebensumspannenden Forschungsthemen fordern uns dazu auf, im eigenen Inneren die Qualitäten zu suchen, die den ersehnten Frieden bringen. So lässt sich Angst schrittweise erlösen, indem das wahre Selbst erkannt und gelebt wird. (Als Taschenbuch bei tredition: ISBN 978-3743949690)

Gesellschaftlicher Wandel durch individuelle Transformation. Kollektive Ängste, Illusionen und Ideologien verstehen und auflösen.

Mit einem Beitrag über Männer- und Frauenrollen von Angela Mahr. Dieses Buch, speziell für „Menschen der Neuen Zeit", beleuchtet die Wechselwirkung zwischen Individuum und Gesellschaft und die Dynamik des gesellschaftlichen Wandels. Kollektive Ideologien lassen sich auf die verschiedenen menschlichen Grundängste zurückführen. Wer Illusionen und Ideologien zu durchschauen lernt, kann innerlich unabhängig werden und schöpferisch auf die Gesellschaft einwirken. (Als Taschenbuch bei epubli: 978-3737512435)

Höheres Bewusstsein und neue Mystik

Mystik ist wieder im Kommen. Immer mehr Menschen erkennen, dass sie selbst Schöpfer ihres Schicksals sind – wenn auch zum großen Teil unbewusst. Um in das Bewusstsein der Einheit allen Seins und der eigenen Gestaltungsmacht zu kommen, ist es wichtig, sich mit der geistigen Welt und der eigenen Seele, dem Sitz der schöpferischen Kraft und Liebe, zu verbinden. (Als Taschenbuch bei epubli: ISBN 978-3741844720)

Diese und viele weitere Bücher finden Sie unter www.monika-mahr.de sowie auf der Amazon-Autorenseite von Monika Mahr – mit ausführlichen Leseproben

Zeitfracht Medien GmbH
Ferdinand-Jühlke-Straße 7
99095 Erfurt, Deutschland
produktsicherheit@kolibri360.de